KB133934

SNS와 스마트폰 중독 어떻게 해결할까?

SNS와 스마트폰 중독 어떻게 해결할까?

초판 2쇄 발행 2024년 4월 19일

지은이 김대경 유재성 김위근

편집 이용혁
디자인 이유리

펴낸이 이경민
펴낸곳 ㈜동아엠앤비
출판등록 2014년 3월 28일(제25100-2014-000025호)
주소 (03972) 서울특별시 마포구 월드컵북로22길 21, 2층
홈페이지 www.dongamnb.com
전화 (편집) 02-392-6901 (마케팅) 02-392-6900
팩스 02-392-6902
SNS
이메일 damnb0401@naver.com

ISBN 979-11-6363-704-2 (43300)

※ 책 가격은 뒤표지에 있습니다.
※ 잘못된 책은 구입한 곳에서 바꿔 드립니다.
※ 이 책에 실린 사진은 셔터스톡, 위키피디아에서 제공받았습니다. 그 밖의 제공처는 별도 표기했습니다.
※ 본문에서 책 제목은 『 』, 논문, 보고서는 「 」, 잡지나 일간지 등은 《 》로 구분하였습니다.

디지털 리터러시를 통한 소셜미디어의
올바른 사용과 과몰입 방지

SNS와 스마트폰 중독 어떻게 해결할까?

김대경, 유재성, 김위근 지음

동아엠앤비

들어가며

오늘날 일상생활에서 여러분들이 가장 소중하게 여기는 것이 무엇입니까? 또한 가장 많은 시간을 소비하는 건 무엇인가요? 아마도 스마트폰일 것입니다. 아침에 일어나서 가장 먼저 스마트폰을 집어 들어 잠금장치를 풀어 날씨를 확인하고 메신저 앱을 열어 간밤에 혹시 문자가 온 것은 없는지, 소셜미디어에 들어가서 친구들은 잘 지내고 있는지 등을 확인도 합니다. 그리고는 가장 좋아하는 음악을 틀어 하루를 시작하기 위한 준비에 들어가죠. 낮에는 친구, 지인, 가족 등 사람들과 연락하고 뉴스와 정보 검색을 하는 등 다양한 방식의 정보 교류와 의사 소통을 하기 위해 스마트폰을 활용합니다.

하루 일과를 마무리 하고 잠자리에 들기 전에는 어떤가요? 스마트폰을 만지작거리며 내일 기상을 위한 알람 시계를 맞추고 취침에 들어갑니다. 하지만 잠이 잘 오지않아 뒤척거리다 스마트폰을 다시 집어 단톡방, 인스타그램과 유튜브 등을 둘러보는 등 몇 번을 반복하다가 자기도 모르게 꿈나라로 가게 되죠. 이러한 반복적 일상에서 스마트폰은 여러분들에게 가장 소중하면서도 친한 친구가 되었다고 할 수 있겠죠. 이처럼 스마트폰은 여러분들의 일상생활의 필수불가결한 요소가 되었습니다. 아니, 어쩌면 신체의 일부가 되었다고 해도 과언이 아닐 것입니다.

우리가 오늘날 경험하는 미디어와 커뮤니케이션 환경은 아날로그에서 디지털 생태계(Digital Ecology)로 변모했습니다. 신문, 라디오, 텔레비전 등 전통적인 아날로그 미디어를 여러분들은 거의 사용하지 않고 있을 겁니다. 대신에 인터넷상에서 포털사이트를 통해 그런 미디어 회사들이 생산한 뉴스와 예능 프로그램을 읽고, 듣고, 보는거죠. 아마도 여러분들이 스마트폰을 이용한 디지털 콘텐츠를 경험하면서 가장 많이 접속하여 사용하는 것은 소셜미디어 또는 SNS(Social Networking Sites)일 겁니다.

그야말로 소셜미디어 시대가 도래했다고 할 수 있습니다. 소셜미디어는 전 세계 수십억 명의 사람들을 하나로 연결시키며 다양한 정보적 또는 커뮤니케이션 활동을 도와주는 역할을 합니다. 블로그, 메신저 앱, 페이스북, 인스타그램, 유튜브 등이 오늘날 대표적인 소셜미디어라고 할 수 있겠죠. 여러분들은 SNS상에서 자신만의 콘텐츠를 생산하고 유통시키기도 하고, 새로운 사람들과 친구 맺으며, 또한 오프라인의 기존 친구들과 온라인상에서 보다 효율적으로 소통을 하기도 합니다. 글과 사진을 공유하고 서로 메시지를 주고 받으며 자신의 감정, 일상 그리고 위치도 공유합니다. 이처럼 인터넷, 스마트폰 등 디지털 기술의 혁명과 혜택 덕분에 우리는 이른바 초연결사회(Hyper-Connected Society)에 살고 있습니다. 사람과 사람뿐만 아니라 사람, 심지어 사물도 일상생활에서 디지털 기술로 연결되어 있는 셈이죠.

인터넷, 스마트폰, SNS는 우리의 일상생활에서 편의를 도와주는 도구일 따름입니다. 하지만 이런 디지털 기술은 이제 도구적 수준을 넘어 여러분의 삶을 지배하고 있다고 해도 과언이 아닙니다. 아마 대부분의 여러분들은 스스로 스마트폰과 SNS에 중독된 것은 아닌가 걱정을 하고 있겠죠. 이 책을 통해 여러분들이 디지털 정보통신 기술의 명암, 즉 밝은 면과 어두운 면을 이해함과 동시에 이제는 여러분의 분신이 되어버린 인터넷과 스마트폰의 비판적이고 주체적인 이용자이자 주인이 되는 데에 조금이나마 보탬이 되기를 바랍니다.

이 책은 아마도 오늘날 스마트폰과 소셜미디어를 일상에서 적극적으로 사용하고 있는 10대 청소년들에게 가장 유익할 것입니다. 또한, 청소년 아들딸을 둔 부모님들에게도 10대의 생각과 디지털 환경에 대한 이해를 하는 데 도움이 되었으면 합니다. 그리고 상대적으로 젊은 세대들, 이른바 MZ세대들에게도 이미 신체 일부라 할 수 있는 스마트폰과 소셜미디어의 이용 행태에 관한 성찰의 기회를 제공할 것으로 기대합니다.

여러분들은 최근 '디지털 리터러시(digital literacy)'라는 말을 많이 듣고 있을 겁니다. 리터러시는 글을 읽고 쓰는 이해하는 능력, 즉 문해력을 뜻합니다. 다시 말해 디지털 리터러시는 디지털 환경에서 미디어에 대한 이해, 미디어가 생산하는 정보에 대한 비판적 이해와 소비 능력을 일컫는 용어입니다. 여러분들이 스마트폰과 소셜 미디어를 매일 사용하고 있다고 해도 디지털 리터러시 능력을 갖추고 있다고 장담할 수는 없을 것입니다. 스마트폰이 여러분들을 전혀 '스마트하게' 만들어 주지 못하고 있는 현실인거죠. 이것이 바로 여러분들이 스마트폰과 디지털 미디어를 비판적이며 주체적으로 이해하고 활용해야 할 이유이기도 합니다.

이 책이 나오기까지 여러 일이 있었습니다. 저자 세 명이 공동으로 집필을 하는 과정에서 글의 내용과 형식을 의논하고 정리하는 데에 생각보다 많은 시간이 소요되었습니다. 이 과정에서 인내심을 갖고 기다려주고 적극적인 조언을 해주신 동아엠앤비 관계자분들께 감사한 마음을 전하고 싶습니다. 본문에서 미비하거나 부족한 부분은 전적으로 저자들의 책임이다는 것을 마지막으로 밝히며, 열악한 환경에서도 미디어 교육과 리터러시에 대한 중요성을 인지하고 열정을 다해 현장에서 노력하고 계시는 많은 선생님들께 이 책이 조금이나마 도움이 되기를 기원합니다.

저자를 대표하여 김대경

차례

1 PART

#소셜미디어의 정의를 알아보자
#소셜미디어의 역사

소셜미디어란 무엇인가?

confirm request
meme
data
engage
hello
hi
cloud
fan
+1
pic
media
update
search
followers
follow
page
share
profile
interaction
photos
compose
subscribe
status
personal
permission
discover
reply
send
tweet
rss
wall
@
link
tag
pic
lol
blog
avatar
cloud
check
in
connect
friend
groups
socialize

소셜미디어의 정의를 알아보자

여러분들의 하루 일상을 되돌아보면 가장 많은 시간을 할애하고 있는 것은 무엇인가요? 네. 그렇습니다. 스마트폰이죠. 여러분들의 손에 가장 많이 붙어있는, 아니 언제 어디서나 꼭 소지하고 있는 일상생활의 필수불가결한 요소가 되어버린 스마트폰입니다. 그리고 스마트폰을 통해 여러분들이 가장 많이 하는 활동은 포털 앱을 열어 정보를 확인하거나 다양한 소셜 네트워킹 서비스(Social Networking Service, SNS) 앱을 통해 친구들과 소통을 하는 것이죠. 이처럼 스마트폰에서 각종 정보를 습득하고 디지털 기술이 제공하는 여러 가지 소셜미디어 서비스를 활용하여 사람들과 연결을 시켜주고 소통을 가능케 하는 활동은 여러분들의 일상생활 속에 깊숙이 자리 잡고 있습니다.

디지털 네이티브(Digital Native) 세대는 인터넷과 스마트폰 등을 사용하며 성장했기에 일상생활에서 디지털 기술을 당연시한다.

특히 디지털 기술의 세례를 받고 태어난 MZ세대에게는 이러한 기술과 서비스가 매우 당연하게 여겨질 것입니다. MZ세대는 1980년대 초반에서 2000년대 초반 사이에 출생한 밀레니얼 세대와 1990년대 중반부터 2000년대 초반 사이에 태어난 Z세대를 통칭하는 호칭인데, 이들은 이른바 '디지털 네이티브 세대[1]'이기 때문입니다.

인류 문명의 역사 과정에서 수많은 혁신적인 기술이 등장하여 우리의 삶을 변화시켰으며, 그러한 변화는 전 세계적 차원에서 일어나기도 했습니다. 특히 인간의 커뮤니케이션 행위를 담당하는 정보통신기술(Information Communication Technology, ICT)의 발명과 진화는

1 개인용 컴퓨터, 인터넷, 휴대폰 등 디지털 기기로 구성된 생활 환경을 태어나면서 경험하며 자유자재로 디지털 언어를 구사하는 새로운 세대.

우리가 보고, 듣고, 느끼는 방식에 변화를 줌으로써 우리 스스로에 대한 인식이나 다른 사람과 소통하는 방법 등에 지대한 영향을 미쳤습니다. 이런 과정에서 인간의 커뮤니케이션 활동과 과정을 효과적으로 수행하기 위해 미디어는 탄생되었습니다. 그리고 오늘날 여러분들이 살고 있는 현대 사회에서 전자 및 디지털 기술의 총아는 단언컨대 소셜미디어(Social Media)라 할 수 있겠습니다.

소셜미디어는 이름에서 짐작할 수 있듯이 미디어의 한 종류입니다. 국립국어원 표준국어대사전에 의하면, 미디어는 '어떤 작용을 한쪽에서 다른 쪽으로 전달하는 역할을 하는 것'으로 정의되며 매체 또는 매개체로 순화될 수 있습니다. 미디어는 인간의 커뮤니케이션 행위 또는 과정에서 매우 중요한 기능을 수행합니다. 우리의 생각을 보다 쉽게 그리고 편리하게 표현하도록 도와줄 뿐만 아니라 다른 사람과 의견을 교환하고 공유하는 등 소통에도 무척 유용합니다.

요컨대 미디어는 인간의 커뮤니케이션 과정에서 시공간적 제약을 넘어 메시지를 전달하고, 사람들을 서로 연결시켜 주는 매개체라고 할 수 있습니다.

미디어가 수행하는 주요 기능으로는 두 가지가 있습니다. 하나는 메시지 또는 정보를 전달하는 것이며, 또 다른 하나는 사람과 정보 그리고 사람과 사람을 연결하는 사회적(social) 기능입니다. 기성 미디어(Legacy Media)의 대표적인 신문과 방송이 하는 우선적인 역할은 바로 첫 번째 기능, 즉 정확하고 신뢰할 수 있는 뉴스와 정보를 독자와 시청자들에게 전달하는 것입니다. 물론 신문과 방송 등 매스미디어 역시 사회적 기능을 지니고 있습니다만, 메시지를 불특정 다수에게 대량으로 전달하는 데에 치중을 하기 때문에 다소 제한적일 수 밖에 없습니다.

반면 소셜미디어는 이름 그대로 미디어의 사회적 기능을 극대화한다고 볼 수 있죠. 여기서 사회적 기능은 개별 이용자들이 상호 간에 관계를 맺음으로써 새로운 사회적 관계가 형성되고, 나아가 그러한 사회적 관계가 다른 차원으로 발전해 나간다는 것을 의미합니다.

소셜미디어는 온라인 공간에서 자신의 생각과 의견, 경험, 관점 등을 다른 사람들과 공유하기 위해 활용하는 개방적이고 수평적인 미디어 또는 플랫폼이라고 정의할 수 있습니다. 우리에게 가장 친숙한 소셜미디어는 아마 유튜브겠죠. 유튜브는 오늘날 1인 미디어의 가장 대표적인 소셜미디어이자 누구나 영상 콘텐츠를 제작하여 공유하는 세계 최대의 온라인 커뮤니티로 자리매김을 했습니다.

하지만 소셜미디어의 초기 유형은 블로그였습니다. 월드와이드 웹과 기록을 의미하는 로그의 합성어(web+log=blog)로 블로그는 누리꾼들이 인터넷상에 매일 작성하는 일기 또는 일지를 의미하며, 1인 미디어의 시초라고 할 수 있습니다. 이외에도 일상생활에서 가족, 친구, 지인 등과 연결하고 소통하기 위해 사용하는 카카오톡 같은 메신저 앱과 페이스북, 인스타그램 등의 SNS 역시 대표적인 소셜미디어라고 할 수 있습니다. 여기서 한가지 양해를 구해야 할

소셜미디어.

부분은 앞에서 설명한 것처럼 SNS는 소셜미디어의 한 가지 유형이지만 이 책에서는 소셜미디어와 SNS를 거의 유사한 의미로 사용할 것이라는 점입니다.

이러한 소셜미디어의 등장과 성장 과정에서 가장 중요한 요소는 인터넷과 스마트폰의 발달입니다. 전 세계 컴퓨터를 연결하고 인터넷상에서 누구나 쉽게 자신의 콘텐츠를 제작할 수 있는 환경 없이 블로그는 존재할 수 없었겠죠. 우리가 매일 접속하는 페이스북, 인스타그램, 유튜브 등 SNS 또한 인터넷이 제공하는 편리하면서도 쌍방향적인 서비스 덕택에 성장할 수 있었습니다.

2007년 미국 애플이 아이폰을 발명함으로써 시작된 스마트폰 시대 역시 전 세계 사람들의 커뮤니케이션 행위에 커다란 변화를 가져다 주었습니다. 스마트폰이 나오기 이전에는 개인용 또는 태블릿 컴퓨터를 통해 인터넷에 접속을 해야만 했습니다. 그러나 오늘날 거의 대부분의 디지털 기술이 제공하는 서비스가 스마트폰으로 수렴된 이후에는 언제 어디서나 인터넷에 접속을 할 수 있게 되었습니다. 스마트폰이 기술적으로 구현하고 있는 이러한 연결성(connectivity)과 이동성(mobility)이 오늘날 소셜미디어가 대중화되는 데에 결정적인 역할을 했다고 할 수 있습니다.

고 스티브 잡스 애플 CEO가 2007년 1월 9일 미국 샌프란시스코에서 열린 맥월드 컨퍼런스에서 아이폰을 처음으로 소개하고 있는 장면. © WIRED

캐나다의 저명한 미디어 학자 마샬 맥루한(Herbert Marshall McLuhan)은 미디어는 '인간 감각의 연장(extension of the human senses)'이라고 주장했습니다. 그는 인류 역사에서 주요한 미디어 기술 혁신 단계를 세 가지 제시했는데 첫째는 문자의 발명, 둘째는 15세기 중반 활판인쇄술의 발명, 셋째는 19세기 중반 전신(電信)의 발명이라는 것입니다. 이렇게 발전해 온 미디어가 우리가 외부 세계를 인식하는 방식에 영향을 끼친다는 얘기입니다.

캐나다의 미디어 학자이자 커뮤니케이션 이론가 마샬 맥루한. © wikipedia

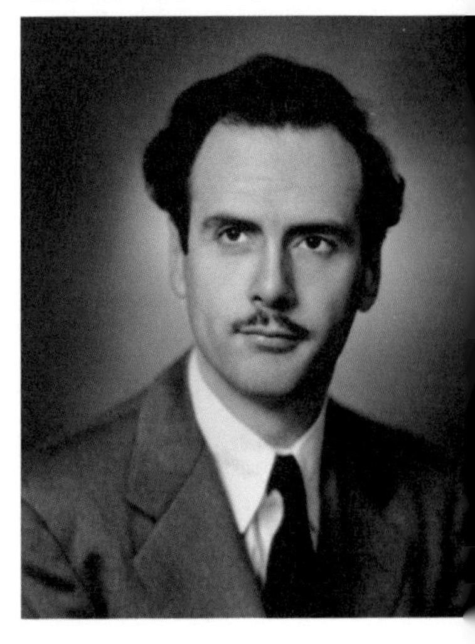

그에 따르면 인간은 사회적 동물 존재로서 주위의 객관 세계를 인식하고,

타인과의 소통을 통한 정보 교류 및 의견, 가치, 신념 등을 공유하고자 하는 본성을 지니고 있다고 합니다. 생물학적인 오감각을 지니고 있을 뿐만 아니라 우리 주위의 객관적 환경을 인식하는 사회적 감각을 본능적으로 지니고 있다는 것입니다. 인류의 긴 역사에서, 특히 문자의 발명 이래 정보를 습득하고 타인과의 소통을 효율적으로 하기 위해 많은 미디어 기술들이 발명되고 진화를 거듭해 오며 활용되었습니다. 이러한 미디어 기술이 인간의 생물학적인 감각뿐만 아니라 사회적 감각을 더욱 확장시켜 주었다고 할 수 있습니다.

소셜미디어의 주요한 기술적 속성들, 즉 위에 언급한 연결성과 이동성은 타인과의 교류를 통해 집단을 형성하고자 하는 인간의 사회성(sociality)을 증폭시켜 줍니다. 이러한 과정을 거쳐 현대 사회에서 보다 개방적이고 협력적으로 소통할 수 있는 커뮤니케이션 시스템을 구현하고 있는 것입니다.

이제 이렇듯 중요한 소셜미디어가 전 세계적으로 얼마나 많이 사용되고 있는지 살펴보도록 하겠습니다. 인터넷과 각종 디지털 기기의 사용 현황을 정기적으로 조사하고 있는 기관에 의하면 2022년 8월 현재 전 세계 인터넷 이용자 수는 54억 7,000만 명 정도이며, 이는 전체 인구의 69%를 차지하고 있습니다. 여러분들이 예상과는 다르게 아직도 전 세계에서 인터넷을 사용하고 있지 않거나 못하고 있는 사람들이 30%나 존재하고 있는 것이죠. 반면 사용자 중 90%가 넘는 사람이 모바일 기기를 통해 인터넷에 접속하

전 세계 소셜미디어 이용 인구 (단위: 10억 명)

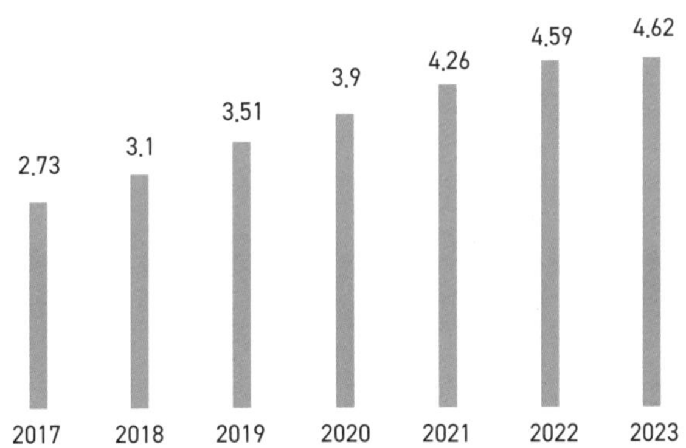

출처: 인터넷 월드스태츠 Internetworldstats.com

고 있는데, 다시 말해 대부분이 모바일 기기를 통해 소셜미디어를 사용하고 있음을 짐작할 수 있습니다.

전 세계에서 가장 많은 사람이 사용하고 있는 SNS는 페이스북(29.6억 명)이고, 그 뒤를 유튜브(25억 명), 왓츠앱(20억 명), 인스타그램(20억 명), 위챗(13억 명) 등이 따르고 있습니다. 페이스북을 운영하는 메타는 메신저 앱인 왓츠앱과 이미지 공유 서비스 앱인 인스타그램도 소유하고 있기 때문에 명실상부한 소셜미디어 1위 글로벌 기업이라고 할 수 있습니다. 구글의 유튜브는 SNS 상위 5위권 중 2위를 차지하고 있습니다만, 최근 몇 년 사이에 가히 폭발적이었던 유튜브의 성장세를 고려하면 곧 순위 변동이 있을 것으로 예측됩니다.

그럼 이제 우리나라의 경우를 살펴볼까요. 과학기술정보통신부에서 매년 실시하고 있는 인터넷 조사에 의하면 국민 10명 중 9명 이상이 인터넷을 사용하고 있으며, 1주일 평균 이용 시간은 22.1시간에 달합니다. 세계적 추세와 마찬가지로 2016년 이후 모바일 기기를 통한 인터넷 이용이 꾸준히 증가하고 있기에 국민 90% 이상이 모바일 기기, 즉 스마트폰을 활용하여 인터넷상의 다양한 서비스를 사용하고 있다고도 해석할 수 있습니다. 그리고 소셜미디어 이용 역시 2018년 이후 꾸준하게 증가 추세를 보이고 있는 것으로 나타났습니다.

2022년 과학기술정보통신부의 스마트폰 과의존 실태조사에 따르면, 우리나라 스마트폰 이용자 중 23.6%는 과의존 위험군에 속한다고 밝혀졌습니다. 특히, 청소년층은 35.8%였던 2020년에 비해 2023년에는 40.1%로 크게 상승한 것으로 나타났습니다. 이 결과는

2023년 글로벌 SNS 사용자 수 (단위: 백만 명)

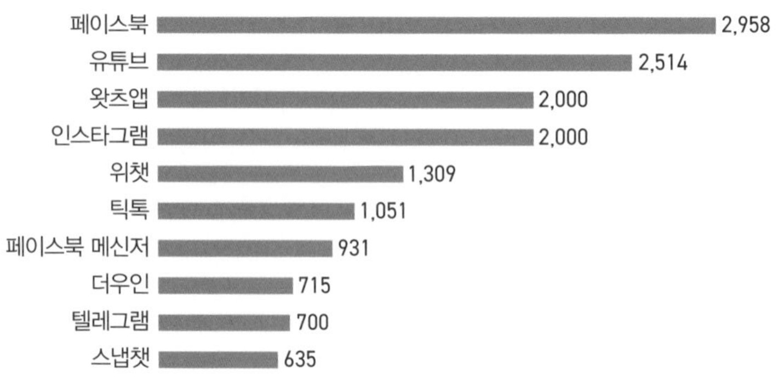

출처: Statista

우리나라 소셜미디어 이용률 변화 추이 (단위: %)

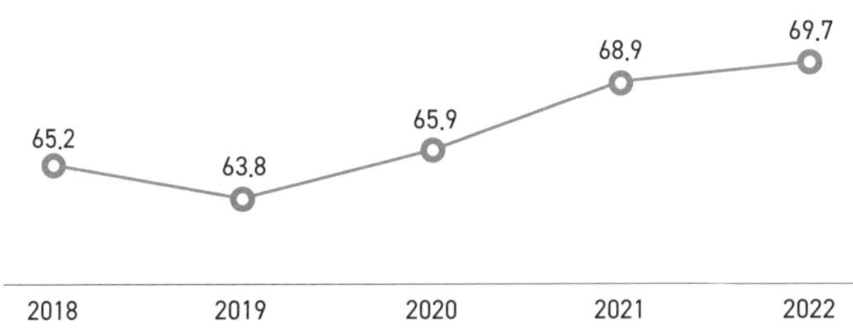

출처: 과학기술정보통신부 2022년 인터넷 이용실태 조사 보고서

많은 청소년들이 일상생활 속에서 스마트폰에 지나치게 의존함으로써 조절력 또는 통제력이 감소하여 문제적 결과를 초래하는 경험을 하고 있다는 것을 의미합니다. 스마트폰이 과연 우리를 '스마트하게' 만들어 주고 있는지, 아니면 오히려 그 반대로 작용하고 있는 것은 아니지 되돌아보아야 할 대목입니다.

오늘날 미디어는 우리의 일상생활에서 필수불가결한 요소가 되었습니다. 단순히 외부 세계와 우리를 연결하는 매개체가 아니라 환경이 되었다고 해도 과언이 아닙니다. 마치 물고기가 물을 느끼지 못하듯이 우리를 둘러싸고 있는 환경이 미디어화되어 버린 것을 인식하지 못하고 있는 것입니다. 스마트폰과 소셜미디어 등 디지털 기술을 통해 우리의 일상생활과 인터넷의 연결은 더욱 공고화될 것이며, 인공지능과 가상현실 기술의 발달과 더불어 실제와 가상 간의 경계는 갈수록 희미해질 것으로 전망됩니다. 특히 코로나19 펜

우리나라 스마트폰 과의존 실태조사 (단위: %)

●●●● 고위험군 ● 잠재적 위험군

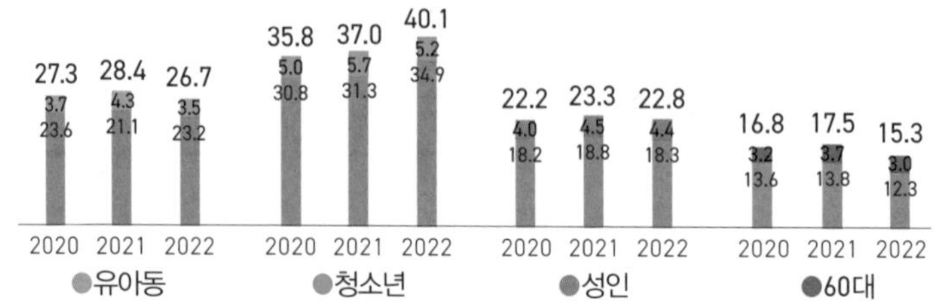

출처: 과학기술정보통신부 2022 스마트폰 과의존 실태조사

데믹 상황이 촉발한 비대면 환경에서 이러한 경향은 점점 가속화되고, 우리들을 온·오프라인에서 연결하는 소셜미디어의 기능과 영향력은 더욱더 커질 것으로 전망됩니다.

소셜미디어의 역사

현재 우리는 다양한 소셜미디어에 접속하고 있습니다. 아마 여러분들은 지금도 페이스북, 인스타그램에 계정을 만들어서 일상을 공유하고 있을 겁니다. 이렇듯 일상의 한 부분으로 차지하고 있는 소셜미디어도 한때는 새로운 기술로 여겨지던 시절이 있었습니다. 불과 20여년 전의 일입니다.

소셜미디어라는 용어는 2004년에 처음 등장했습니다. 미국의 과학 기술 전문 작가 크리스 시플리(Chris Shipley)가 블로그온(BlogOn)이라는 IT 콘퍼런스에서 소셜미디어라는 단어를 처음 사용한 것입니다. 초기에는 기업에서 홍보 수단으로 사용되는 마케팅적 측면만 강조되었지만, 점차 정의의 범위를 넓혀가기 시작했습니다.

미국에서의 첫 소셜미디어는 1997년에 발명되었습니다. 많은 학자가 식스디그리닷컴(SixDegree.com)을 소셜미디어의 시초로 보고 있습니다. 식스디그리닷컴은 이름 그대로 '6단계 법칙(Six degrees of separation)'에 기반하여 만들어졌습니다. 이는 지구에 있는 모든 사람이 최대 6단계 이내에서 서로 아는 사람으로 연결될 수 있다는 이론입니다.

예를 들어 설명하자면 우리나라 40대 남성 홍길동 씨에게는 미국 중학교에 다니는 조카가 있고, 그 조카는 학교에서 영어 선생님의 수업을 듣고 있는데, 그 선생님은 미국의 어느 대학에서 한 교수의 지도를 받아 석사 학위를 받았습니다. 그 교수는 소속 대학 총장과 점심 식사를 자주 하는데, 그 총장은 미국 대통령에게 교육 정책을 자문하고 있는 관계입니다. 즉, 6단계를 거쳤더니 홍길동 씨와 미국 대통령이 연결이 된 것입니다. 할리우드의 영화배우 케빈 베이컨과 함께 출연하지 않은 배우도 두세 단계를 거치면 그와 관련을 맺게 된다는 '케빈 베이컨의 6단계 법칙(The Six Degrees of Kevin Bacon)'으로도 응용이 가능합니다.

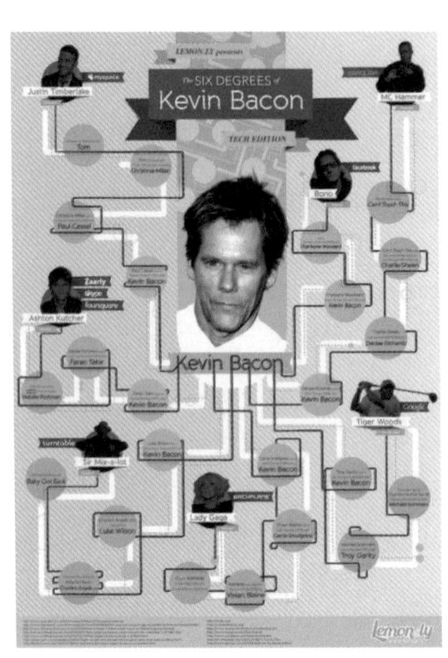

케빈 베이컨의 6단계 법칙.

식스디그리닷컴을 통해 사용자들은 현재 우리가 소

셜미디어를 이용하는 것처럼 프로필을 생성하고, 다른 사용자들과 연결하고, 메시지를 주고받을 수 있었습니다. 식스디그리닷컴은 백만 명이 넘는 사용자들을 가지고 있었지만, 2000년에 경영 악화로 서비스를 종료하였습니다.

2002년에는 프렌드스터(Friendster)라는 소셜미디어 사이트가 등장해 인기를 끌었습니다. 프렌드스터는 공통의 관심사를 가진 사람을 연결해주고 온라인으로 메시지를 주고 받을 수 있는 사이트였습니다. 현재 우리가 카카오톡이나 페이스북을 통해 자주 볼 수 있는 '상태 업데이트' 기능이 프렌드스터를 통해 처음 도입되었습니다. 사용자들은 이 기능을 통해 본인의 일시적인 심리상태를 표현할 수 있었습니다. 하지만 프렌드스터 역시 서버와 데이터베이스의 보관 및 유지에 어려움을 겪어 2003년에 서비스를 종료했습니다.

2003년과 2004년은 소셜미디어가 발전하는 데 중요한 시기였습니다. 바로 마이스페이스(MySpace)와 페이스매시(Facemash)가 서비스를 시작했기 때문입니다. 마이스페이스는 2003년 당시 10대 청소년들을 위한 소셜미디어 사이트였습니다. 앞서 언급한 프렌드스터는 오로지 '친구' 사이에서만 개인 정보를 공유할 수 있었습니다만, 마이스페이스는 개인 정보를 전체 공개할지 아니면 이미 관계를 맺은 친구들에게만 공개할지 선택할 수 있었습니다. 더불어 음악 공유 서비스도 큰 인기를 끌었습니다. 프렌드스터에서 탈퇴한 회원들이 마이스페이스를 이용하기 시작하면서, 마이스페이스는 2005년에 2,500만 명의 회원을 확보할 수 있었습니다. 다만 마이스페이

마이스페이스 로고.

스는 무분별한 광고 노출로 인한 이용자들의 반감으로 인기를 잃고 현재는 음악가들을 위한 사이트로만 이용되고 있습니다.

페이스매시는 지금도 가장 많은 사용자가 쓰고 있는 SNS 페이스북의 모태로 마크 저커버그(Mark Elliot Zuckerberg)가 페이스북 이전에 설립한 소셜미디어 사이트였습니다. 2004년에 마크 저커버그는 본인이 다니고 있는 하버드대의 동문 주소록을 만들기 위한 서비스를 시작했습니다. 여기에 다른 대학교 학생들도 서비스를 이용할 수 있게 하기 시작하면서 페이스북은 선풍적인 인기를 구가하기 시작했습니다. 심지어 2005년 9월부터는 고등학교 학생들을 포함해 모든 사람들이 서비스를 이용할 수 있도록 바뀌었습니다. 마이스페이스처럼 페이스북도 선별적으로 이용자의 프로필을 공개할 수 있었습니다. 주목할 만한 사실은 마이스페이스와 페이스북 모두 10대 청소년과 20대 초반 대학생들의 지지로 선풍적인 인기를 끌 수 있었던 점입니다.

구인, 구직 활동을 위해 주로 사용되는 링크드인(LinkedIn)도 2003년에 등장했습니다. 기본적으로 무료 사이트지만, 링크드인은 처음으로 유료 프리미엄 모델을 시작했습니다. 구인자들과 구직자들 모두 일정 금액 이상의 요금을 내면 링크드인 내에서 맺어진 인맥 관계보다 먼 사람들의 프로필을 조회 가능하게 하였습니다. 다른 소셜미디어들이 개인적인 정보를 전달하는 데에 집중한다면 링크드인은 온라인 이력서라 불릴 정도로 사용자들이 보유한 능력들을 공개할 수 있게 하고 도와주고 있습니다. 서비스 3년째가 되는 2006년부터 수익을 내기 시작한 링크드인은 2016년에 마이크로소프트에 인수되었습니다.

메타의 CEO 마크 저커버그.

가장 유명한 비디오 공유 사이트인 유튜브는 2005년 서비스를 개시했습니다. 공동 창업자 중 한 명인 자베드 카림(Jawed Karim)이 2005년 4월 23일, 미국 캘리포니아 샌디에고의 한 동물원에서 찍은 18초짜리 영상 'Me at the zoo'가 그 시작이었습니다. 구글에게 인수되기 직전인 2006년 가을, 유튜브는 이미 1억 개의 비디오와 2,000만 명의 구독자를 소유하고 있었습니다. 2007년에는 현재 유튜버라는 단어의 시초가 된 자체 콘텐츠 제작 서비스를 개시했습니다. 세계 최초의 유튜버는 'Lonelygirl15'이라는 계정을 가진 미국의 브리(Bree Avery)라는 소녀로 2006년부터 본인의 일상을 담은 영상을 유튜브에 올렸습니다. 이때부터 영상의 광고 수익은 제작자와 유튜브 사이에 분할되어 지급되기 시작했습니다.

대표적인 마이크로 블로그인 트위터는 2006년에 개발되었습니

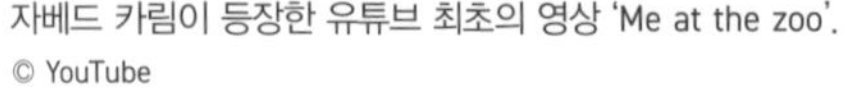

자베드 카림이 등장한 유튜브 최초의 영상 'Me at the zoo'. © YouTube

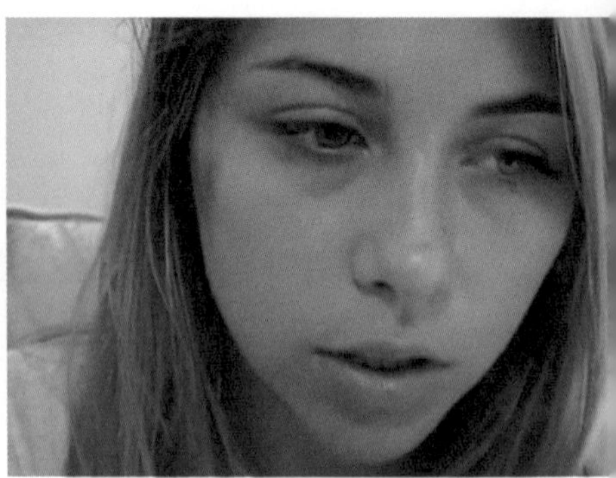

브리의 유튜브 영상 사진. © YouTube

다. 뒤에 자세히 설명하겠지만 트위터는 소셜미디어의 여러 포괄적인 특성 중에서 연결을 중시하는 SNS의 특징도 내포하고 있지만 개인의 생각을 280자 이내로 표현해 정보 전달을 중시한다는 점에서 마이크로 블로그의 특징도 가지고 있습니다. 초창기 트위터는 140자 이내로 트윗을 작성하도록 제한했지만 2017년 한중일을 제외한 지역에서 두 배로 늘렸습니다. 2023년에는 미국 유료 회원 대상으로 4,000자까지 한도가 늘어나기도 했습니다.

트위터 창업자 잭 도시(Jack Dorsey)는 관계 맺은 사람들 사이에 문자 메시지 형식으로 사용자들의 상태를 실시간으로 업데이트하는 기능을 2006년 선보였습니다. 이는 스마트폰을 비롯한 모바일 기기와 연동해 트윗을 바로 작성해서 올릴 수 있도록 하기 위함이었습니다. 이후에도 트위터는 해시태그 기능 도입을 통해 공통 관심사를 가진 이용자들이 트위터상에서 더욱 편리하게 소통할 수 있게 해주었습니다. 이러한 노력 덕분에 2023년 기준 전 세계 트위터 사용자는 3억 5,400만 명으로 집계되고 있습니다.

메타의 새로운 SNS 스레드.

2022년 10월에는 테슬라의 CEO 일론 머스크가 트위터를 440억 달러에 인수하여 전 세계 언론 자유를 위한 플랫폼으로 만들겠다는 의지를 갖고 로고를 모기업 X법인(X Corp)에 맞춰 X로 바꾸는 등 새롭게 개편 작업을 추진하고 있습니다. 한편, 메타의 저커버그는 2023년 7월 6일 트위터와 유사한 텍스트 기반의 새로운 소셜미디어 플랫폼 '스레드(Threads: 실, 타래)'를 내놓았습니다. 메타의 발표에 의하면 출시 첫날 1,000만 명, 이어 이틀째는 7,000만 명이 다운을 받았다고 합니다.

스레드는 공개 5일 만에 사용자 1억 명을 돌파하며 전 세계 소셜미디어 시장에 돌풍을 일으키고 있습니다. 빅테크 기업에서 두 앙숙인 머스크와 저크버그가 향후 글로벌 소셜미디어 플랫폼의 주도권을 갖기 위해 어떤 경쟁을 펼치게 될지 두고 보는 것도 흥미로울 것 같습니다.

2010년에는 사진과 동영상 공유가 주목적인 SNS 인스타그램이 탄생했습니다. 인스타그램은 즉석 카메라(Instant camera)와 전보(Telegram)의 합성어입니다. 2010년 7월 16일 공동 창업자인 마이크 크리거(Mike Krieger)가 올린 사진을 시작으로, 인스타그램이 공개한

사용자 1억 명 도달에 걸린 시간 (단위: 월)

스레드는 챗GPT를 제치고 앱 가입자 수 1억 명 달성 속도 세계 신기록을 경신했다.

자료에 의하면 2023년 기준 매월 9,000만 명이 이용하고 있으며, 매일 4,000만 장의 사진이 올라오고 있습니다. 또한 이들 사진에는 매초마다 8,000개의 '좋아요'와 1,000개의 댓글이 달린다고 합니다. 2011년부터는 해시태그 기능이 도입되어 사진이나 영상을 찾기 쉽도록 했습니다. 2016년에는 24시간 후 자동으로 지워지는 포스트인 스토리 기능도 추가되었습니다.

현재 미국 청소년들이 주로 사용하고 있는 스냅챗(Snapchat)은 2011년에 서비스를 시작했습니다. 스냅챗은 사용자가 전송한 사진이나 영상 메시지가 관계를 맺은 사람들이 확인 후 10초 안에 없어진다는 특징을 가지고 있습니다. 사진이나 영상이 저장되는 다른 소셜미디어와는 달리 스냅챗은 사용자들이 사진이나 영상 메시지를 확인한 후에는 영구히 볼 수 없습니다. 2023년 기준 스냅챗

틱톡 챌린지의 한 장면. © YouTube

은 3억 1,000만 명의 사용자를 보유하고 있고 매일 4.5조에 해당하는 메시지가 오가고 있습니다. 부모님이나 기성세대로부터 사생활을 침해받고 싶어하지 않는 10대에게 스냅챗은 적절한 대안입니다.

2017년 중국 바이트댄스(ByteDance)가 개발한 틱톡(TikTok)은 15초에서 3분 이내의 영상을 제작해서 공유하는 서비스입니다. 애플리케이션을 통해 영상 편집을 쉽게 할 수 있기 때문에 누구나 영상들을 수월하게 업로드할 수 있습니다. 다른 소셜미디어와 마찬가지로 팔로우와 팬 기능이 존재해 다른 사람의 영상을 볼 수 있고, 다른 사람들도 이용자들의 영상을 볼 수 있습니다. 틱톡은 인터넷에서 특정 시점에 인기를 끌고 있는 콘텐츠와 문화 요소의 결합을 의미하는 밈(meme)을 확산하게 해주는 도구로 인기를 끌고 있습니다. 동영상을 설명하기 위해 해시태그(hashtag)를 입력하는 해시태그

유니텔 접속 화면. © 추억 속의 PC통신 블로그

영화 '접속' 포스터. © 명필름

챌린지는 틱톡을 통한 밈 확산의 예시입니다. 틱톡은 한국에서도 10대 청소년들에게 선풍적인 인기를 끌고 있습니다.

이렇게 미국에서 개발된 소셜미디어인 트위터, 페이스북, 인스타그램이 한국에서도 널리 사용되고 있지만, 한국 토종 소셜미디어도 많은 사람이 이용하고 있습니다. 여기서부터는 한국의 소셜미디어 역사를 살펴보도록 하겠습니다.

한국의 소셜미디어를 소개하기 위해서는 1980년대 중반 개발된 PC통신을 빼놓을 수가 없습니다. 1988년 한국경제신문이 개발한 '케텔(Ketel)'을 시작으로 '하이텔(Hi-Tel)', '천리안', '유니텔(Unitel)', '나우누리(Nownuri)'와 같은 PC통신은 2000년대 초반까지 상당한 인기를 끌었습니다. PC통신은 전화망을 통해 온라인 게시판을 접속할 수 있는 서비스였습니다.

인스타그램이나 페이스북 같은 지금의 소셜미디어는 제약 없이 아무나 접속할 수 있는 개방적인 서비스인 반면 PC통신은 고정된

사업자가 서비스를 제공하여 그 안에서 회원들만 소통이 가능한 폐쇄적인 시스템입니다. 일종의 전자 게시판 형태였던 PC통신은 공통의 관심사를 가진 사람들이 모여서 만든 동호회와 채팅 서비스가 큰 인기를 끌었습니다. 1997년에는 이 채팅 서비스를 소재로 다룬 영화 '접속'이 개봉하기도 하였습니다.

유선전화망을 이용하여 제공되는 서비스였기 때문에 PC통신 이용자들은 서비스 사용 중에는 전화를 걸 수 없다거나 반대로 전화가 걸려 오면 통신이 끊기는 등의 낭패를 겪어야 했습니다. 지금으로서는 상상하기 힘들지만, 당시에는 휴대전화가 아직 널리 보급되지 않았던 시기였습니다.

1999년은 한국에서 다양한 인터넷 서비스가 보급이 된 해였습

아이러브스쿨 접속 화면. © 한국일보

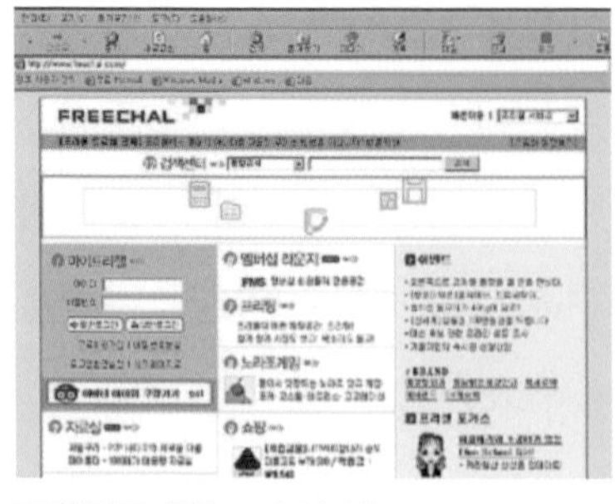

프리챌 접속 화면. © 아시아경제

니다. 현재도 운영되고 있는 다음 카페 같은 커뮤니티가 대표적입니다. 동호회, 연예인 공식 팬클럽 카페 등이 주를 이루고 있습니다. 2003년에는 또 다른 커뮤니티 서비스인 네이버 카페가 오픈됐습니다. 네이버 카페는 취미생활, 정치, 게임, 스포츠와 같은 여러 분야에서 공통의 관심사를 가진 사람들이 모여 운영되고 있습니다.

인터넷을 통해 초중고 그리고 대학교 동문을 찾아주는 서비스인 '아이러브스쿨' 서비스도 1999년에 시작됐습니다. 더불어 재학생들을 중심으로 서비스가 운영되는 '다모임'도 인기를 끌었습니다. 아이러브스쿨에서는 학창시절의 추억을 소환하는 웹카피(등교하기, 하교하기, 가정통신문)가 주력 콘텐츠였습니다. 아이러브스쿨과 다모임 모두 동창을 찾아주는 커뮤니티 사이트로 미국의 페이스북과 비슷한 성격을 띠었다고 볼 수 있습니다만, 경영 미숙으로 인해 두 서비스 모두 인기가 금세 식고 말았습니다.

프리챌(Freechal)도 한때 인기를 끌었던 포털 커뮤니티 사이트였습니다. 1999년에 개발되었던 프리챌은 동아리 기능인 '커뮤니티'를 내세워 가입자 1,000만 명을 순식간에 유치하기도 했습니다. 더불어 이용자의 캐릭터를 설정할 수 있는 '아바타' 기능도 큰 인기를 끌었습니다. 초창기에 프리챌은 무료 모델이었지만 2002년 유료화된 서비스를 급작스럽게 도입한 탓에 이용자들이 다수 이탈했습니다. 아이러브스쿨, 다모임 그리고 프리챌에서 이탈한 이용자들은 싸이월드로 이동하기 시작했습니다.

싸이월드 미니홈피. © 국민일보

한국형 소셜미디어하면 싸이월드를 빼놓을 수 없습니다. 싸이월드 역시 아이러브스쿨, 다모임, 프리챌과 함께 1999년에 서비스를 시작했습니다. 사진첩과 다이어리를 꾸미는 '미니홈피'가 싸이월드의 주요 기능이었습니다. '일촌'을 맺어 친구 관계를 형성하는 진일보한 시스템과 '도토리'를 통해 아이템을 구입하는 형식으로 수익 구조까지 완비한 싸이월드는 사회적으로 큰 반향을 불러일으켰습니다. '싸이클럽'을 통한 동아리 활동이나 '네이트온'이라는 메신저 서비스도 큰 인기를 끌었습니다.

찍은 사진 등 이미지를 공개해 다른 사람에게 보여줄 수 있던 공간인 싸이월드는 2000년대 초반 디지털 카메라의 보급과 함께 3,200만 명에 달하는 이용자를 확보하기도 했습니다. 다만 스마트폰의 보급으로 대표되는 모바일 환경에 적응하지 못하고 2010년 초반부터 다수의 사용자를 페이스북, 인스타그램, 트위터, 카카오스토리 등에 내주게 되었습니다. 2011년에는 회원 3,500만여 명의 개인정보가 유출되는 사고도 있었습니다. 결국 2019년 10월에 웹 서비스를 중단하기에 이른 싸이월드였지만 2022년 4월, 2년 반만에 서비스를 일부나마 재개했습니다.

2012년 스마트폰의 보급과 함께 한국형 소셜미디어는 카카오스토리와 네이버밴드의 성장을 가지고 올 수 있었습니다. 포털사이트와 메신저를 운영하는 카카오에서 만든 카카오스토리는 사진 공유 기반 소셜미디어입니다. 카카오톡의 대중화에 힘입어 카카오스토리는 2012년 서비스 시작 5개월 만에 한국 인구의 절반에 해당하는 2,500만 명의 회원을 확보할 수 있었습니다. 역시 한국의 대형 포털 사이트인 네이버에서 제작한 네이버밴드는 사진첩, 게시판, 동창찾기, 캘린더, 주소록과 같은 기능을 제공하고 있습니다. 네이버밴드는 동아리나 학교의 친목, 스터디용으로 많이 사용되고 있습니다.

2020년 들어 메타버스(Metaverse)가 부상하기 시작했습니다. 1992년 닐 스티븐슨(Neal Stephenson)의 공상 과학 소설 『스노 크래시(Snow Crash)』에 처음 등장한 개념인 메타버스는 가상과 초월을 의미하는 '메타'와 우주 또는 세계를 의미하는 '유니버스'의 합성어입니다. 즉, 현실과 가상공간이 결합된 초연결 디지털 세계입니다. 이용자들은 메타버스를 통해 현실에서 확장된 디지털 세계에서 정치, 경제, 사회, 문화 활동을 할 수 있습니다. 메타버스의 장점은 오프라인에서 경험하기 힘든 활동을 가상의 공간에서 체험할 수 있게 해준다는 것입니다. 이는 디지털 기술을 능숙하게 다루기를 좋아하는 MZ세대에게 확산되고 있습니다.

메타버스는 '증강(Augmentation)과 시뮬레이션(Simulation)', '내재성(Intimate)과 외재성(External)'이라는 2개의 축을 기준으로 증강현실(Augmented Reality), 라이프 로깅(Life logging), 거울 세계(Mirror Worlds), 가상 세계(Virtual World)라는 4가지 유형으로 분류됩니다.

증강현실은 물리적 환경 기반을 두고 가상의 사물과 컴퓨터 인터페이스를 결합해 보여주는 것이며 라이프 로깅은 소셜미디어처럼 사용자의 일상 속 정보와 경험을 디지털 가상 세계에 기록, 저장, 공유하는 활동을 의미합니다. 거울 세계는 이용자가 속해있는 물리적 세계를 사실에 가깝게 재현하되, 추가 정보를 더해 확장된 가상공간입니다. 마지막으로 가상 세계는 현실에 존재하지 않는 가상의 디지털 세계에서 아바타를 이용해 활동하는 것을 말합니다.

2020년에 전 세계적으로 창궐한 코로나19는 사람들로 하여금 여행과 외출을 삼가고 가정에 주로 머물게 했습니다. 이는 메타버스에도 영향을 미쳤습니다. 코로나19 상황이 장기화되면서 가정에 머무는 시간이 많아졌기에 가상과 현실이 상호작용하는 공간인 메타버스가 새로운 가치 창출할 수 있게 되었습니다. 대표적으로, 2020년 데뷔한 걸그룹 에스파(aespa)는 메타버스를 엔터테인먼트에 이용하고 있습니다. 에스파는 코로나19에서 비롯된 비대면 시대에 맞춰 다양한 디지털 콘텐츠를 제공하고 있습니다.

미국과 한국의 소셜미디어는 약 2, 30년이라는 시간을 통해 현

에스파와 아바타. 출처: SM엔터테인먼트 공식 보도자료

재의 형태를 갖추게 되었습니다. 이들의 공통점은 동창 연결 서비스가 모태가 되었고, 공통의 관심사를 가진 이용자들이 웹에서 이어지는 형태를 띤다는 것입니다. 그리고 스마트폰의 보급을 통한 모바일의 대중화가 현재의 소셜미디어 UI[1]를 만들어내는 데 큰 영향을 미쳤다고 할 수 있습니다.

미국의 소셜미디어들은 각자 다른 특징과 성격을 띠고 있습니다. 신속한 정보 전달이 주가 되는 트위터, 이미지와 영상 정보가 전달되는 페이스북과 인스타그램, 시간이 지나면 공유된 사진과 동영상이 사라지는 서비스인 스냅챗들은 성격이 각각 다르다고 할 수 있습니다. 한국에서도 많은 사람이 인스타그램, 페이스북, 트위터를 통해 전 세계 사람들과 정보와 경험을 공유하고 있습니다.

---

1 User Interface, 사용자와 컴퓨터 시스템 사이의 의사소통 매개.

네이버밴드, 카카오스토리와 같은 한국형 소셜미디어는 한국의 온라인 커뮤니티 서비스 발달 과정과 역사를 함께 합니다. 여러 서비스가 등장했다 사라지고, 이를 통해 이용자들이 편리하다고 느끼는 새로운 서비스가 보완되는 과정을 거쳐 한국의 소셜미디어는 진화했습니다. 한국의 소셜미디어 이용자들은 미국과 한국형 소셜미디어를 모두 이용하고 있다고 할 수 있습니다. 오늘날 사용하고 있는 소셜미디어도 현재의 형태를 갖추기까지 다양한 과정을 거쳤다는 사실을 기억해 주셨으면 합니다.

그리고 메타버스는 단순히 컴퓨터 모니터를 통해 문화를 소비하던 2차원 방식에서 벗어나 직접 체험하고 느낄 수 있는 3차원 방식으로 디지털 미디어를 즐길 수 있게 했습니다. 앞으로는 글, 사진, 음성, 영상을 단순히 올리는 행위에서 멀티미디어를 직접 체험할 수 있는 방식으로 소셜미디어 그리고 디지털 미디어가 진화하리라 예상됩니다. 앞으로 소셜미디어의 발달 과정을 지켜보는 것도 큰 관심사가 되리라 믿습니다.

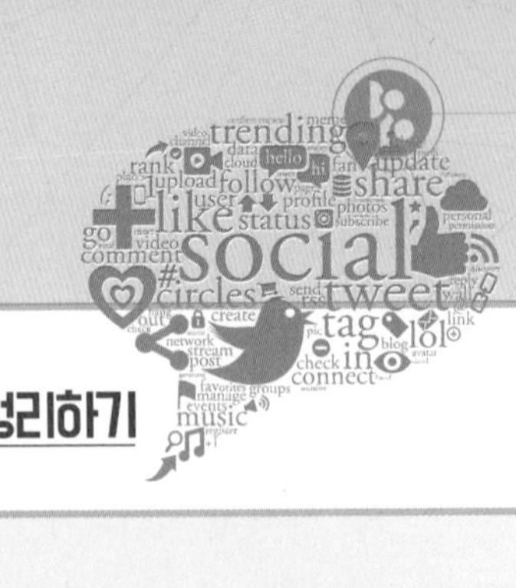

SNS 꼭꼭 씹어 생각 정리하기

1. 여러분의 일상생활에서 경험하는 미디어의 기능과 역할은 무엇입니까?

2. 블로그와 SNS 등 소셜미디어가 신문과 방송과 같은 기성 미디어와 다른 점은 무엇일까요?

3. 스마트폰은 여러분들에게 어떤 의미인가요? 스마트폰이 여러분들을 과연 스마트하게 만들어 주고 있나요?

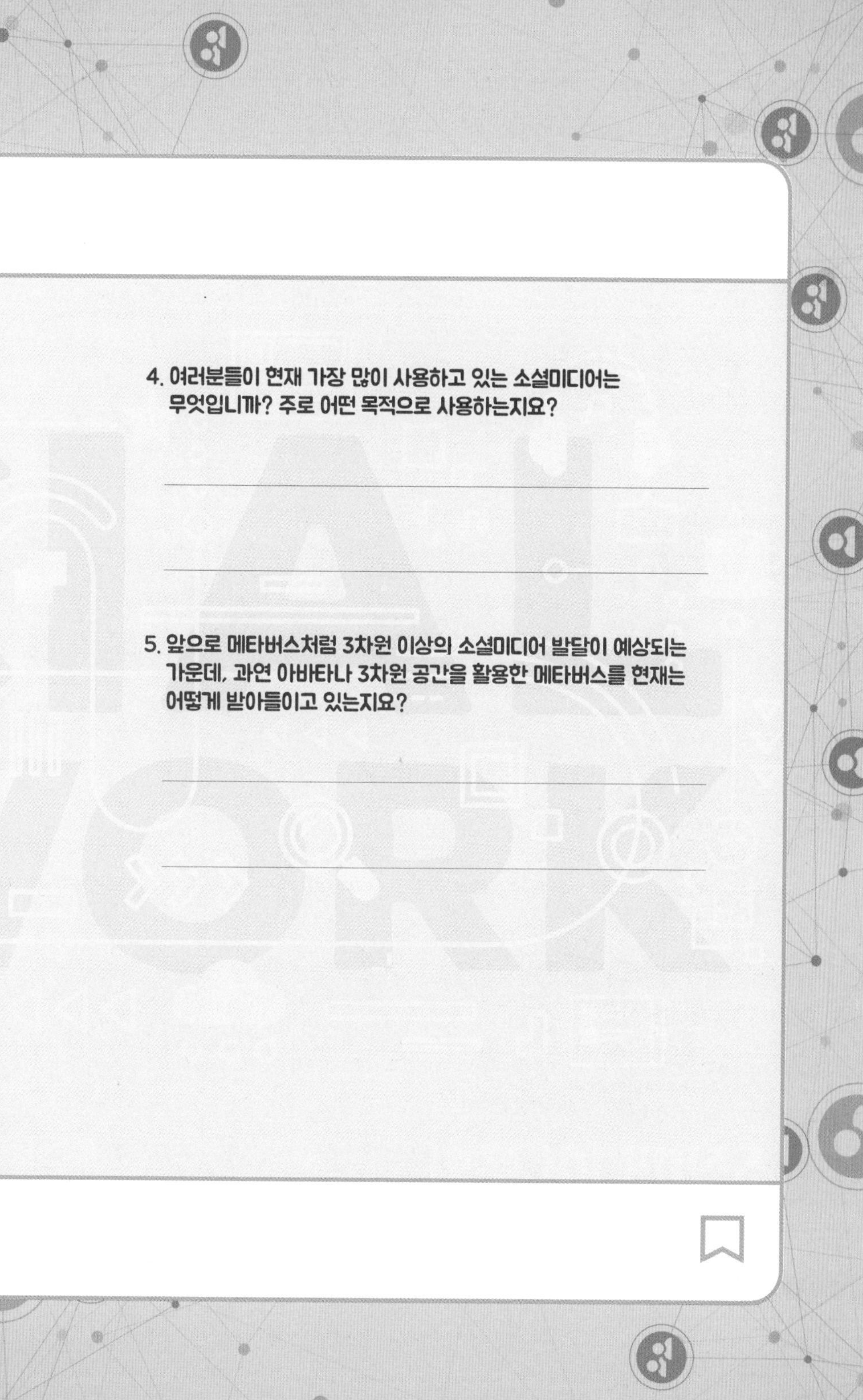

4. 여러분들이 현재 가장 많이 사용하고 있는 소셜미디어는 무엇입니까? 주로 어떤 목적으로 사용하는지요?

5. 앞으로 메타버스처럼 3차원 이상의 소셜미디어 발달이 예상되는 가운데, 과연 아바타나 3차원 공간을 활용한 메타버스를 현재는 어떻게 받아들이고 있는지요?

2 PART

#소셜미디어의 문화적 특성
#한류와 소셜미디어
#소셜미디어와 미래 기술
#소셜미디어와 사회변동

소셜미디어 문화

confirm request meme
rending
data engage +1 pic
hello media
cloud hi fan update
search followers
follow page share
profile interaction
status photos
compose
subscribe
personal
permission
ocial
discover
reply
send tweet wall
es rss @
reate link
tag
pic lol
blog
avatar
check in cloud
connect friend
rites groups socialize
age
ic
ter

소셜미디어의 문화적 특성

디지털 정보 기술(ICT, Information Communication Technology)의 발달에 따라 오늘날의 현대 사회는 급변하고 있습니다. 인터넷과 스마트폰 등 모바일 기기의 확산과 무선 통신 기술 덕분에 우리는 언제 어디서나 자유롭게 인터넷 접속이 가능한 '네트워크 사회'에 살고 있는 거죠. 나아가, 사람과 사람, 사람과 정보, 정보와 정보 그리고 사물까지 서로 항시적으로 연결되어 있는 '초연결 사회(Hyper-Connected Society)'가 도래했다고 말할 수 있습니다.

초연결 사회에서 소셜미디어는 핵심적인 네트워킹 역할을 수행합니다. 이러한 디지털 미디어의 '소셜적 환경'은 우리 사회의 정보 생산 및 유통 방식 그리고 사람들 간의 소통 방식을 변화시킴으로써 정치, 금융, 쇼핑, 의료, 문화 등 일상생활의 전반에 큰 영향

네트워크 사회는 개인과 전 세계를 연결시켜 준다.

을 끼치고 있습니다. 이 장에서는 소셜미디어가 만들어 내고 있는 새로운 문화적 양식과 실천에 대하여 살펴 보겠습니다.

1991년 영국의 컴퓨터 과학자 팀 버너스리(Tim Berners-Lee)가 개발한 월드와이드웹(world wide web) 덕분에 우리는 인터넷상의 정보를 하이퍼텍스트 방식과 멀티미디어 환경에서 검색하고 활용할 수 있게 되었습니다. 엄밀하게 말하면, 웹은 이메일처럼 인터넷상의 정보 이용을 편리하게 해 주는 하나의 서비스지만 오늘날 인터넷 정보 구조에서 거의 절대적 위치를 차지하고 있기 때문에 인터넷과 웹은 거의 동일시되고 있습니다.

월드와이드웹 기술의 등장 이래 인터넷은 줄곧 '참여, 개방, 공유'의 영역으로 진화해 왔습니다. 인터넷상에서 거의 모든 이용자들의 자유로운 참여가 훨씬 용이해지고, 상호 간 정보 공유와 소통이 더욱 활발하게 되었다는 뜻입니다.

2000년대 중반에는 블로그 등 1인 미디어 등장과 함께 개별 이용자들이 다른 사람들과 연결되면서 공유하고 협력하는 문화가 크게 확산되었습니다. 소셜미디어는 이러한 디지털 폭풍의 한가운데 있었다고 할 수 있습니다. 소셜미디어의 기능과 영향력을 이해하기 위한 핵심적인 세 가지 키워드는 개인화(personalization), 연결성(connectivity) 그리고 참여(participation)입니다.

소셜미디어의 첫 번째 키워드는 개인화입니다. 앞서 소셜미디어의 역사적 발전 과정에서 살펴본 바와 같이, 소셜미디어는 개인 미디어의 확장이라고 할 수 있습니다. 초기 인터넷의 정보 생산과 유통 구조는 기관과 조직 중심으로 이루어진 반면, 소셜미디어상에서는 개별 이용자들이 자신만의 콘텐츠를 제작하고 다른 이용자들과 공유를 하면서 정보를 유통시킵니다. 따라서 소셜미디어상에서 정보 제공자 대부분이 개인 이용자인 것입니다.

인터넷 보급 초창기에는 개인이 포털에서 제공하는 동호회, 카페 등 커뮤니티 서비스에 가입되어 활동하였습니다만, 오늘날 대다수 이용자는 SNS 계정에 개별적으로 가입하는 게 일반적입니다. 즉 SNS 개별 이용자들의 계정이 상호 연결되어 거대한 소셜미디어 네트워크를 형성하고 있는 셈입니다.

인터넷을 기술적으로 정의하면 '전 세계에 존재하는 모든 컴퓨터 서버들의 네트워크'라고 할 수 있습니다. 소셜미디어에서는 각 개인이 바로 하나의 독립된 서버, 즉 소셜 네트워크의 개별 주체로서 역할을 수행합니다. 그만큼 전체 네트워크를 구성하고 있는 개별 이용자들의 자율성과 창의성은 더욱 높아진다고 볼 수 있습니다. 따라서 소셜네트워킹 사이트에서는 이용자 중심의 지식과 정보를 공유하는, 보다 개방적이면서도 수평적인 구조를 띠게 됩니다.

오늘날 대다수 사람은 컴퓨터 대신 모바일 기기, 즉 스마트폰을 통해 인터넷에 접속합니다. 소셜미디어의 개방적인 네트워크 구조는 스마트폰의 개인성이나 이동성 같은 모바일 기술 특성과 결합하여 우리 사회의 1인 문화를 확산하는 데에 큰 기여를 하고 있습니다. 반면, 대중 사회의 대표적인 매체로 오랫동안 군림을 해 온 신문과 방송의 존재감은 크게 쇠락하고 있습니다. 디지털 미디어 환경에서 이용자들의 시청 행태도 크게 변했습니다. 특히 이른바 대부분의 MZ세대들은 더 이상 종이신문을 읽지 않고, 정해진 시간에 텔레비전 앞에서 시청을 하지 않습니다. 대신에 넷플릭스 등의 스마트폰 OTT 앱을 통해 드라마, 예능, 영화 등 영상 콘텐츠를 개별적으로 소비하고 있습니다.

최근 통계청이 발표한 「2022년 인구주택총조사」에 따르면 우리 사회의 1인 가구는 전체 가구의 33.4%를 차지하는 것으로 나타났으며, 2050년에는 40%에 이를 것으로 조사되었습니다. 1인 가구가 증가하면서 '라이프스타일'에도 많은 변화가 생겼는데, 소형 아파트에서 거주하는 '나홀로족(Cocoon 또는 Myself generation)'이 많아졌습니다.

1인 가구 거주 소비자를 대상으로 한 1인용 간편식 즉석 식품의 매출도 급증했습니다. 혼자 살며, 혼자 밥을 먹고, 혼자 여행하는 식의 1인 문화가 이제 낯설지 않게 되었죠. 스마트폰과 SNS를 통해 대부분의 일상생활을 하는 데에 어려움과 불편함을 느끼지 않기 때문일 것입니다. 소셜미디어의 개인화 특성이 이러한 1인 문화를 형성하는 데에 일조를 한 것은 틀림이 없어 보입니다.

소셜미디어의 두 번째 키워드는 연결성입니다. 앞서 소셜미디어는 개인 미디어의 확장이라고 설명했는데 이와 동시에 네트워크 공간에서 다른 이용자들과 관계를 맺어 상호 연결성을 만들어 낸다고 할 수도 있습니다. 개인의 취향, 관심사, 의견 등을 담고 있는 콘텐츠를 생산하고 유통함으로써 인적 네트워크가 확장되며, 이는 곧 개인들간의 경험과 의견을 공유하는 사회적 커뮤니케이션 기반

커뮤니케이션 네트워크.

이 구축되는 것을 의미합니다. 요컨대, 소셜미디어는 개인 미디어의 확장을 넘어 지식과 정보 그리고 사회적 관계를 포괄하는 새로운 커뮤니케이션 네트워크를 창출하고 있다고 볼 수 있습니다.

사실 모든 미디어 기술은 매개성(mediation)을 지니고 있습니다. 우리 인간은 외부 환경과의 효과적인 커뮤니케이션을 위해 다양한 미디어 기술을 발명했으며, 그런 기술은 인간과 환경을 매개하는(mediated) 기능을 지니고 있는 것이죠. 미디어 기술의 매개성으로 인하여 개인은 외부 환경에 대한 인식을 하게 되고 다른 사람들과의 소통을 통해 지식과 정보가 지속적으로 매개되는 네트워크에 연결되는 것이죠.

이 과정에서 네트워크는 개인들 간의 연결, 즉 관계를 무한정으로 확장하여 사회를 움직이는 핵심적인 동력이 됩니다. 네트워크는 사람과 사람, 사람과 정보, 정보와 정보 등 개별적인 객체들 간의 연결 범위를 확대하면서 지식과 정보의 신속한 전파를 통해 사회적 영향력을 행사하는 것이죠. 트위터, 페이스북, 인스타그램 등 다양한 SNS를 통한 소셜미디어 환경은 개인과 사회의 전 분야를 연결하는 네트워크 자체가 되었다고 볼 수 있습니다.

소셜미디어의 연결성이 만들어 내는 현상 중에 주목해야 할 것은 정보의 신속한 전파 속도와 범위입니다. 예를 들어 애플의 스티브 잡스 CEO가 세상을 떠났다는 소식은 트위터상에서 1초에 6,000여 건이 작성되어 전파되기도 했습니다. 특히 코로나19 팬데믹 상황에서 가짜뉴스 또는 거짓 허위 정보가 다양한 SNS를 통해 매우 빠른 속도로 광범위하게 퍼져, 이른바 '인포데믹(Infodemic)' 현상이 나타나기까지 했습니다. 인포데믹은 정보(Information)와 전염병(Epidemics)의 합성어로, 허위 또는 부정확한 정보의 확산에 따라 발생하는 부작용 현상을 의미합니다. 이로 인해 코로나19 백신을 맞으면 치매에 걸린다거나 심지어 2년 후에는 죽는다는 등 소위 '백신 괴담'이 소셜미디어 공간에서 급속도록 퍼져 백신 접종을 거부하는 사람들이 늘어나기도 했습니다. 소셜미디어의 연결성이 만들어 내는 부작용이라고 할 수 있을 것입니다.

소셜미디어의 세 번째 키워드는 참여입니다. 개인 미디어의 확장과 상호 연결성으로 구현되는 소셜 네트워크는 개별 이용자들의 참여와 협력을 통해 완성된다고 할 수 있습니다. 개방적이고 수평적인 인터넷 커뮤니케이션 구조에 사회성이 가미되면서 '참여와 협력의 문화(participatory and collaborative culture)'가 확산되고 있는 것이죠.

네트워크에서 연결성이 실시간으로 이루어지면서 개별 이용자들의 참여가 기하급수적으로 증가하게 되었습니다. 스마트폰을 통해 온라인에 항시적 연결성이 보장되기에 소셜미디어 개별 이용자들의 적극적인 참여와 상호간 협력이 폭발적으로 일어나게 된 것입니다.

오늘날 다양한 SNS 서비스들의 주요 기능은 인적 네트워크의 유지와 관리입니다. 현실 세계의 인적인 유대 관계를 온라인 영역에서 그 폭과 깊이를 확장하는 것이 주요 목적이죠. 인스타그램을 통해 친구들과의 교류와 소통을 하면서 서로의 일상을 더욱 알게 되고, 나아가 좀더 친밀한 관계를 형성하는 것입니다. 이것은 사이버 공간에서 새로운 양식의 소통을 통해 공동체를 형성하고 유지 및 강화할 수 있다는 것을 의미합니다.

즉 이런 상호작용적인 활동을 통해 소셜미디어의 개별 이용자들은 사회의 공동 가치와 규범 등을 포함하고 있는 사회적 자본(Social Capital)을 형성함으로써 공동체의 일원으로 자아의 정체성을 구축할 수도 있는 것입니다. 여기서 사회적 자본은 사회적 가치, 신뢰, 규범, 네트워크 등을 의미하며 주로 사회 구성원들 간의 대인관계, 공유된 정체성, 규범과 이해, 참여와 협력 등 상호작용을 통해 형성됩니다.

이러한 소셜 네트워크 구성원들 간의 자발적인 참여와 협력을 통한 적극적인 상호작용은 새로운 방식의 지식과 정보의 창출과 유통 방식을 만들어 내기도 합니다. 개방적이고 수평적인 네트워크 공간에서는 개별 주체들이 스스로 자신의 '핵심 자산'을 공개하고 공유하는 문화가 존재하며, 그들 간의 개방적인 협력을 창출함으로써 새로운 문화적 실천을 만들어 낸다는 것입니다.

이 과정에서 많은 사람들의 참여와 협력으로 더욱 나은 결론을 만들어 낼 수 있는 집단 지성[1]이 구현될 수 있는 것입니다. 온라인 백과사전인 위키피디아는 집단 지성의 가장 적합한 사례입니다. 일반인 누구나 새로운 지식의 생산과 수정에 참여하여 한 사람 또는

---

1 Collective Intelligence, 다수의 개체들이 서로 협력한 집단적인 지적 능력을 통해 소수의 우수한 개체의 능력을 능가하는 결과를 만들어 내는 올바른 결정 능력.

소수의 전문가의 정보보다 더욱 나은 지식을 창출할 수 있다는 것은 소셜미디어의 구조적 특성에 기인하는 것입니다.

현대 네트워크 사회에서 디지털 미디어, 특히 소셜미디어는 우리의 일상생활에 영향을 미치는 핵심적인 요소입니다. 개인은 스마트폰과 SNS 서비스를 통해 금융, 학습, 소비, 소통 등 일상생활의 대부분을 사이버 공간에 의존하고 있기 때문에 사이버 문화(cyber culture)가 창출되고 있는 것입니다. 이제 소셜미디어를 인터넷상의 단순한 커뮤니케이션 도구로 여기는 것은 올바르지 않습니다. 디지털 네트워크 공간에서 개별적 이용자들의 자율적인 참여와 다른 이용자들 간의 상호작용을 통해 새로운 소통의 패러다임을 구현하고 있다고 보는 게 더욱 정확할 것입니다.

스마트폰의 급속한 대중화와 함께 소셜미디어가 성장하였기 때문에 개인의 일상생활과 온라인의 연결이 더욱 밀착되고 강화되었다는 뜻이죠. 오늘날 대다수 사람은 자신들이 인지하지 못한 상태에서도 스마트폰과 SNS를 통해 언제나 가상 공간에 연결(always online)되어 있으며, 다른 사람들과 동시적으로 또는 비동시적으로 상호 작용을 하며 공유와 협력의 디지털 문화를 만들어 가고 있습니다.

물론 이 과정에서 부정적인 측면도 존재합니다. 소셜미디어의 개인화 특성은 사회 구성원들의 개인주의 성향을 과하게 부추겨 오히려 파편화와 분절화를 불러일으킬 가능성도 있습니다. 소셜미디어 네트워크에서 우리는 항상 연결되어 있으면서도 고립될 수도 있는 것이죠. 즉 소셜미디어의 사회적 기능은 우리 사회의 관계망을 확장시키는 동시에 축소시키는 역할도 맡습니다. 이처럼 미디어 기술은 우리의 일상생활에 긍정적이자 부정적인 영향을 미칠 수 있는 양날의 칼이라 할 수 있습니다.

한류와 소셜미디어

2012년 발매된 가수 싸이의 노래 '강남 스타일'은 선풍적인 인기를 누렸습니다. 코믹한 뮤직비디오와 중독성이 강한 사운드 그리고 따라 하기 쉬운 '말춤'은 유튜브를 통해 전 세계로 퍼졌습니다. 영어가 공용어인 미국에서 싸이의 한국어 가사는 소위 말하는 '주류'와 거리가 있었지만, 이러한 차별화 덕분에 대중에게 인기를 끌 수 있었습니다. 강남 스타일은 전 세계 소비자들의 입소문을 통해 미국 빌보드 차트 7주 연속 2위, 영국 UK 차트 1위를 기록했으며, 세계 30여 개국 아이튠즈에서 다운로드 횟수 1위를 차지했습니다. 2023년 6월 기준 강남스타일 유튜브 뮤직비디오 조회수는 48억 회를 넘기며 세계에서 11번째로 많이 본 동영상에 올라와 있습니다. 세상에 선을 보인지 10년이 지났지만 아직도 꾸준

한 조회수를 기록하며 신기록 행진을 이어가고 있는 강남 스타일은 한류와 K-팝의 역사를 새로 썼다고 해도 과언이 아닙니다.

그로부터 6년이 지난 2018년, 7인조 보이밴드 방탄소년단(BTS)이 다시 한 번 K-팝을 전 세계에 널리 알렸습니다. 방탄소년단의 음반 'LOVE YOURSELF 轉 Tear'는 대한민국 노래 사상 최초로 빌보드 200 1위를 기록했습니다. 타이틀곡 'Fake Love'는 빌보드 핫 100에서 대한민국 최초로 10위에 오르기도 했습니다.

방탄소년단이나 블랙핑크 같은 K-팝 아이돌이 글로벌 시장에

싸이의 '강남스타일'. © YouTube

서 인기를 끌고 있는 이유는 음악과 잘 어우러진 군무가 있기 때문입니다. 이는 '듣는 음악'에서 '보는 음악'으로의 전환을 의미합니다. 소셜미디어를 보면 전 세계 곳곳의 K-팝 팬들이 한국 아이돌 군무를 재현한 영상을 찾아볼 수 있습니다. 여기에 방탄소년단은 정체성, 포용, 학교에서 겪는 어려움 등 다양한 사회적 메시지를 담긴 음악을 많이 발표했습니다. 방탄소년단의 노래가 MZ세대들의 고민을 표현해 주었기 때문에 큰 호응을 얻을 수 있었습니다.

방탄소년단은 밀레니얼 세대의 소셜미디어 이용 패턴을 정확히 분석하고 전략적으로 이용해 전 세계적으로 팬을 모았습니다. 그들은 미디어에서 접하는 연예인들과 직접 소통하는 것을 좋아합니다. 방탄소년단은 기획사가 정해주는 대로 디지털 콘텐츠를 제작하지 않고, 밥 먹는 모습과 방에서 노래를 부르는 모습 등 팬들이 원하는 모습을 시의적절한 때에 자연스럽게 보여 주었습니다. 이러한 콘텐츠는 팬들로 하여금 친밀한 인상을 갖게 해주었습니다.

방탄소년단은 2013년에 데뷔했지만 2011년 7월부터 팬들과 트위터(@bts_twt)로 소통을 시작했습니다. 여기에는 멤버들의 트윗뿐만 아니라 팬클럽이 생산해 내는 밈들이 공유되고 있습니다. 방탄소년단은 2019년, 2020년 트위터에서 가장 많이 언급된 한국 그룹이었습니다.

멤버들의 영상이 올라오면 팬들이 자발적으로 영상을 초단위로 자르거나, 움직이는 이미지를 만들어 소셜미디어 계정에 올립니다. 한국의 팬이 다른 나라의 팬과 유튜브나 다른 소셜미디어에서 댓

방탄소년단 인스타그램은 팔로워가 7,000만 명을 돌파했다. 출처: 방탄소년단 인스타그램

글 등으로 소통하는 것도 이제는 흔한 일입니다. 싸이의 강남 스타일이 유튜브를 통한 입소문으로 성공을 이끌어냈다면, 방탄소년단은 그들의 자연스러운 모습을 소셜미디어를 통해 전략적으로 노출하면서 전 세계 팬들의 주목을 끌었다고 할 수 있습니다.

2020년 봉준호 감독의 영화 '기생충(Parasite)'은 제92회 아카데미 시상식에서 감독상, 각본상, 국제영화상, 작품상을 수상하며 한국 영화 탄생 101년 만에 새로운 역사를 이루었습니다. 기생충의 4관왕 수상 직후 전 세계 소셜미디어에서는 영화 포스터와 스틸컷을 패러디한 사진과 멀티미디어들이 올라왔습니다.

영화에 등장한 먹방 인증샷 사진 또한 인기를 끌었습니다. 극중에서 여배우 조여정이 한우 채끝살과 짜파게티를 섞어 만든 짜파구리를 먹는 장면이 나옵니다. 자막에서는 '라면'과 '우동'을 조합한 'ram-don'으로 표기되었는데, 해외 소셜미디어 사용자들은 이

ram-don을 만들어 먹는 사진이나 영상을 포스트했습니다.

이처럼 한류와 K-팝은 소셜미디어를 통해 전 세계로 전파되었습니다. 전문가들 역시 소셜미디어가 한류 확산의 촉매제 역할을 하였다는 것에 동의합니다. 방탄소년단의 예에서 알 수 있듯이 소셜미디어가 지닌 쌍방향적 특성 덕분에 소통의 도구로 부상했기 때문입니다.

SM, YG, JYP, 빅히트 엔터테인먼트 같은 국내 대형 연예 기획사들은 소셜미디어를 적극적으로 이용해왔습니다. 특히 글로벌 팬들과의 소통 채널로 유튜브를 적극 활용해왔습니다. 2006년부터 시작한 SM의 공식 채널 SMTOWN은 2023년 5월 기준 3,170만

영화 '기생충' 포스터. © CJ엔터테인먼트

해외의 짜파구리 소셜미디어 인증샷. © 한국일보

명의 구독자를 보유하고 있습니다. YG의 구독자 수는 749만 명, JYP의 구독자 수는 2,700만 명입니다. 방탄소년단의 기획사 하이브 엔터테인먼트가 보유한 유튜브 채널 HYBE Labels의 구독자 수는 자그마치 7,060만 명에 달합니다. 국내 대형 연예 기획사들에게 유튜브와 같은 소셜미디어는 해외 팬들에게 본인 소속 가수들의 활동을 알리고 전 세계 팬들의 동향을 살피는 역할도 동시에 수행할 수 있습니다.

디지털 미디어의 발달은 연예 기획사뿐만 아니라 전 세계 팬들에게도 한류와 K-팝을 소비하고 소통할 수 있는 기회의 장이 되었습니다. 소셜미디어의 주 사용층은 MZ세대입니다. MZ세대는 소셜미디어를 통해 뉴스, 패션, 쇼핑과 같은 다양한 정보를 얻으며 실제로는 한 번도 만난 적이 없는 사람들과 수월하게 소통을 합니다. 이들은 스마트폰, 태블릿PC와 같은 디지털 플랫폼의 이용에 습관화되었으며, 여기에서 유통되는 뮤직비디오와 드라마와 같은 멀티미디어를 소비하는 세대입니다. 온라인이라는 공간은 MZ세대들이 지하철, 학교 교실 그리고 길거리처럼 자신들이 원하는 어느 곳에서든 팬덤을 확산시킬 수 있는 활동 무대라 할 수 있습니다.

이들을 주축으로 한 외국 영상물의 감상은 전 세계적으로 개인적 취미를 넘어 집단적 팬 활동으로 일어나고 있습니다. K-팝 커버댄스(Cover Dance)로 알려진 이러한 집단 참여를 통해, 서로 관심사가 비슷한 사람들이 소셜미디어 혹은 온라인 커뮤니티에 모여 콘텐츠를 활발하게 공유하며 팬덤 문화를 만들어가고 있습니다. 국내 인기 가수들의 유튜브에 많은 해외 한류 팬들이 각각의 모국어로 단 댓글이 그 예입니다.

방탄소년단이 2021년 7월 발표한 '퍼미션 투 댄스(Permission to Dance)'는 소셜미디어상에서 전 세계 팬들의 '참여'를 이끌어 냈습니다. 방탄소년단과 유튜브 쇼츠는 이 노래에 맞춰 춤을 추는 '퍼미션 투 댄스 챌린지'를 개최했습니다. 유튜브 쇼츠는 짧고 흥미로운 동영상을 제작해 업로드하는 플랫폼인데 전 세계 팬 누구나 모바일 애플리케이션에서 뮤직비디오의 주요 안무를 따라하는 15초 분량의 영상을 제작해 참여하도록 했습니다. 유튜브 제작 도구를 이용해 자신만의 스타일로 안무를 재창조하고, #PermissiontoDance 및 #Shorts 해시태그와 함께 업로드하면 챌린지가 완성됩니다.

이러한 '챌린지 열풍'은 한국에서 소셜미디어를 통해 시작됐습니다. 가수 지코가 2020년 본인의 노래 '아무노래' 안무 일부를 SNS에 올리면서 팬들에게 춤춰달라고 부탁했는데, 영상을 소셜미디어에 올리는 국내, 해외 팬들이 급격히 늘면서 이 챌린지는 흥행에 성공했습니다.

OTT(Over The Top)와 같은 스트리밍 서비스의 발달도 한류가 지속할 수 있는 주요 요인입니다. OTT는 인터넷을 통해 방송 프로그램, 영화 등 각종 미디어 콘텐츠를 제공하는 서비스로 '기존의 범위를 넘어서'라는 over the와 TV 수상기 등의 단말기를 의미하는 top이 합쳐진 단어입니다.

음악 콘텐츠는 이제 음반이 아닌 스포티파이(Sportify) 같은 네트워크 플레이어나 유튜브를 통해 배포가 됩니다. 넷플릭스(Netflix)나 훌루(Hulu)와 같은 동영상 스트리밍 업체도 영상 소비 방식을 재창출했습니다. 시청자들은 정해진 시간에 앉아서 드라마나 영화를 보는 대신 컴퓨터나 스마트폰, 태블릿PC에 접속해서 개별적으로 콘텐츠를 소비하고 있습니다. 또한 플랫폼만 있으면 누구든 멀티미디어를 제작해 유통할 수 있습니다.

이렇게 디지털 플랫폼은 전통 미디어를 대체하고 있습니다. 시청자들은 원하는 때에 콘텐츠를 몰아서 볼 수 있습니다. 시간과 공간에 구애받지 않는 시청 방식 그리고 기존 콘텐츠에서 2차로 창조할 수 있는 멀티미디어 플랫폼과 개인의 멀티미디어 제작 기술이 전 세계적인 한류와 K-팝의 열풍을 이끌어 낸 것이라 해도 과언이 아닙니다.

방탄소년단을 비롯한 K-팝 그룹들은 코로나19 이전 해외 공연을 많이 했습니다. 하지만 팬데믹으로 인한 여행 자제와 사회적 거리두기 캠페인 때문에 해외 대규모 콘서트는 한동안 열리지 못했습니다. K-팝 그룹들은 위기를 기회로 만들어 냈습니다. 방탄소년단은 2020년 6월 '방에서 즐기는 방탄소년단 콘서트(방방콘)'을 개최했습니다. 방방콘은 전 세계 100여개 이상의 국가에서 누적 조회수 5,059만 건, 동시 최대 접속자수 224만 명을 기록했습니다. 블랙핑크 역시 2021년 'The Show' 공연을 통해 코로나 시대에 맞춰 온라인으로 실시간 공연을 열었습니다. 코로나19에 지친 전 세계 K-팝 팬들은 온라인 공연을 통해 자신이 좋아하는 한국 가수들과 연대감을 형성했고, 한 번도 만난 적은 없지만 같은 가수를 좋아하는 전 세계 팬들과도 우정을 쌓을 수 있었습니다. 문화체육관광부는 「2021년 해외 한류 실태조사(2020년 기준)」 보고서에서, 코로나19 위기에서도 한국 예능, 드라마와 같은 한류 콘텐츠의 전 세계적 소비 비중은 오히려 증가했다고 발표했습니다. 이는 코로나19로 인한 물리적 이동이 어려워지면서 디지털 콘텐츠의 소비 비중이 증가했기 때문입니다.

가수 싸이가 한류와 K-팝의 전파를 유튜브를 통해 이끌어 냈다면, 지금은 방탄소년단, 블랙핑크와 같은 차세대 아이돌 그룹들이 더욱 다양한 소셜미디어의 소통 방식을 통해 큰 인기를 유지하고 있습니다. 이는 소셜미디어의 쌍방향적 소통, 누구나 접근하기 쉬운 용이성에서 비롯되었습니다. 전 세계 K-팝 팬들은 컴퓨터나 스마트폰을 통해 언제 어디서나 그들이 원하는 때에 콘텐츠를 소비하고, 다른 팬들과 생각을 손쉽게 공유할 수 있습니다.

그리고 소셜미디어 챌린지 같은 활동은 직접적인 참여와 다른 팬들과의 연대라는 새로운 팬덤 소비를 이끌어냈습니다. 오프라인 콘서트에 참여하기 힘들고 다른 사람들과의 만남도 여의치 않은 코로나19 시대에 소셜미디어에서 한류 콘텐츠 소비는 온라인 콘서트와 같은 새로운 형태로 진화하고 있습니다. 메타버스는 이제 한국에 방문하지 않고도 한류 콘텐츠를 어디에서나 체험할 수 있게 해줍니다. 소셜미디어를 통한 한류의 발전과 전파는 아직도 현재진행형입니다.

소셜미디어와 미래 기술

2022년 현재 메타버스와 블록체인 그리고 대체 불가능 토큰(NFT, Non-Fungible Token) 기술은 사회 전반적으로 각광을 받고 있습니다. 오늘날 이러한 신기술들은 한류와 엔터테인먼트 분야로도 영역을 확장하고 있습니다. 한류와 신기술의 결합은 K-팝을 비롯한 한류 전파의 미래가 될 수 있습니다. 메타버스와 한류의 만남은 현실같은 실재감과 물리적 한계를 뛰어넘는 접근성으로 소비자들에게 가상과 현실이 이어진 새로운 세상을 살아가게 합니다. NFT는 예술가들에게는 저작권을 보호하게 해주고 소비자들에게는 디지털로 소장하는 예술품을 경험하게 해줍니다.

SM엔터테인먼트는 자사 메타버스 비전을 SMCU(SM Culture Universe)로 설정했습니다. 2020년 SMCU에서 데뷔한 걸그룹 에스파는 또다른 자아인 아바타 æ(아이)를 만나 새로운 세계를 경험한다는 테마를 바탕으로 활동하고 있습니다. 에스파는 코로나19에서 비롯된 비대면 시대에 맞춰 다양한 디지털 콘텐츠를 제공하고 있습니다. 2021년에 발매된 싱글 '넥스트 레벨'은 에스파와 아바타 아이의 연결을 방해하고 세상을 혼란에 빠트린 존재인 '블랙 맘바'를 찾기 위해 여행을 떠나는 스토리를 풀어낸 곡입니다. 이수만 전 SM 총괄프로듀서는 '청각과 시각으로 음악을 즐기던 한계를 뛰어넘어 현실공간과 가상공간의 경계 없이 콘텐츠를 경험하게 될 미래에는 무한한 크로스오버와 컬래버레이션이 이루어지며 새로운 콘텐츠 세상을 구축하게 될 것'이라며 메타버스의 미래를 예측했습니다.

YG엔터테인먼트는 2020년 한국의 대표적인 메타버스 플랫폼인 제페토(ZEPETO)와 협업해 블랙핑크를 아바타로 재현해 팬 사인회를 진행했습니다. 전 세계 4,600만 명의 팬들이 이벤트에 참여했는데 전 세계 어디에도 이만한 인원을 수용할 공간이 없다는 점에서 제약 없는 가상현실 이벤트의 위엄을 느낄 수 있습니다. 2020년 엠넷 아시안 뮤직 어워드(MAMA)에서는 어깨 수술로 불참한 방탄소년단의 슈가가 가상으로 등장하기도 했습니다. 하이브 엔터테인먼트는 자체 메타버스 플랫폼인 위버스(Weverse)를 개발해 운영 중입니다. 팬 커뮤니티 역할을 하는 위버스는 이미 전 세계적으로 가입자 수 1,000만 명을 돌파했습니다. 방방콘은 위버스를 통해 콘서트 영상을 재생하고 응원봉을 블루투스로 연결하면 공연장에 있는

BTS 방방콘. 출처: 빅히트엔터테인먼트 공식 보도자료

것처럼 응원봉의 색깔을 변하게 하는 서비스를 제공했습니다.

메타버스는 2차원 스크린의 한계를 뛰어넘어, 생동감 있는 한류 콘텐츠를 전달할 수 있는 플랫폼으로 충분한 잠재력을 가지고 있습니다. 더불어 아바타들이 입는 옷과 액세서리와 같은 굿즈 등을 제작하고 판매해 수익 창출로도 이어질 수 있습니다. 메타버스의 주소비층은 MZ세대입니다. MZ세대는 온라인에 거부감이 없고 누구에게 간섭받지 않는 메타버스 환경을 더욱 편안하게 받아들일 수 있습니다. 그렇기 때문에 향후 엔터테인먼트 산업에 있어 메타버스는 선택이 아니라 필수라 할 수 있습니다.

가상현실, 증강현실, 홀로그램, 스마트 글래스와 같은 기기와 블록체인 기술 그리고 한류 콘텐츠는 기술적 융합을 이끌어 내,

코로나19에서 시작된 비대면 시대에서 전 세계적으로 한류와 K-팝 체험의 기회를 확장시키고 있습니다.

블록체인은 소규모 컴퓨터 데이터들이 체인 형태로 무수히 연결되어 형성된 '블록'이라는 환경에 데이터를 보관하는 분산형 데이터 저장 기술입니다. 블록에는 일정 시간 동안 거래 내역이 담기며 다량의 컴퓨터에 동시에 데이터를 복제해 저장합니다. 임의로 수정할 수 없지만, 누구나 결과를 열람할 수 있는 일종의 데이터 위변조 방지 기술입니다. 이러한 블록체인과 메타버스가 결합하면 큰 시너지 효과를 낼 수 있습니다. 블록체인 기술을 통해 가상 세계 속 아바타와 같은 자산에 대한 소유권을 증명할 수 있기 때문입니다.

NFT는 블록체인 기술을 이용해 디지털 파일의 소유권을 인정받을 수 있는 개념입니다. 디지털 파일에 고유값을 부여해 희소 가

메타버스에서 열린 블랙핑크 팬사인회. © ZEPETO

비플의 매일–첫 5000일과 마리킴의 Missing and found. © Christie's © 피카프로젝트

치를 주고 복제가 불가능하게 만든 가상자산입니다. 소유자와 구매자의 거래 이력이 블록 체인 기술로 저장되며 이 기록은 변경이 불가능합니다. 기존 파일들은 데이터로만 이루어져 있어서 무단 복제가 가능했지만 NFT는 복제 불가능한 고유성을 가지고 있기 때문에 기존 파일들에 비해 안전한 것입니다.

블록체인 내에서 아이템 거래 과정은 모두 투명합니다. 그렇기 때문에 디지털 자산에 대한 소유권과 거래 내역을 위변조하는 것은 불가능합니다. NFT는 미술계와 엔터테인먼트, 영화, 게임 등 문화 산업으로 급격하게 확장되고 있는 추세입니다. 캐나다 출신 가수 위켄드(The Weeknd)는 2021년 4월 최초로 NFT 기술을 통해 음원을 판매했습니다. 그리고 캐나다의 가수 그라임스(Grimes)는 암호화 기술이 적용된 그림을 경매에 내놓아 20분만에 65억 원 가량을 벌었습니다. 디지털 아티스트 비플(Beeple)이 NFT로 만든 '매일–첫 5000일(Everydays – The First 5000 Days)'이라는 작품은 세계적 경매업체 크리스티에서 6,930만 달러(약 790억 원)에 낙찰되었습니다. 국내 첫 NFT 미술품 경매에서는 마리킴의 'Missing and found'가 경매에서 6억 원에 낙찰되기도 했습니다. 코로나19가 장기간 기승을 부리던 상황 아래, 예술가들은 대면 공연이나 전시회를 열지 못하는 바람에 수익을 내기 어려웠는데 NFT가 음악과 예술품을 유통하는 수익원이 됨으로써 새로운 활로를 열 수 있었습니다.

블록체인 기술이 확장되면 전 세계 이용자들이 손쉽게 만나 거래에 참여할 수 있습니다. 이는 한류와 K-팝의 전 세계적 확산에 기회가 될 수 있습니다. 스트리밍, 즉 실시간 재생이 대세인 현 상황에서 '소장하는 콘텐츠'로서의 음악의 가치는 떨어졌다고 할 수 있습니다만, NFT와 음악이 만나면 '소장 가능한 자산'으로 탈바꿈할 수 있습니다. NFT와의 결합을 통해 '듣는 음악'에서 '가지는 음악'의 시대로 전환도 가능해집니다. 방탄소년단 같은 K-팝 가수들은 실제 앨범을 내는 대신 자신의 사인이 담긴 디지털 작품과 음원, 뮤직비디오를 묶어 NFT로 발매할 수 있습니다. 한류스타의 포토 카드 역시 NFT로 발행해 판매할 수 있습니다. 실제로 인도네시아에서는 방탄소년단 정국의 포토 카드가 NFT로 발행되어 300만 원대에서 거래된 바 있습니다. 하이브 엔터테인먼트와 SM, JYP 엔터테인먼트는 이런 미래를 내다보고 NFT에 적극적으로 투자를 진행하고 있습니다.

이처럼 메타버스와 NFT는 향후 한류의 전 세계적 확산에 크게 기여할 수 있는 분야이지만 아직 초기 단계라 풀어야 할 과제도 많습니다. 메타버스가 더욱 정교하고 원활하게 작동하기 위해서는 창작자의 문화적 상상력과 IT기술의 지속적인 발달이 필수입니다. 제작자들은 소비자들이 현실 세계에서는 할 수 없는 차별적이고 다양한 경험을 제공해야 합니다. 그리고 조악한 IT기술 때문에 소비자들이 만족할 만한 경험을 얻지 못한다면 소비자들이 실망하고 메타버스를 떠날 수 있습니다. MZ세대는 누구보다 트렌드에 민감하기 때문입니다.

NFT는 위조품을 방지할 수 있다는 장점이 있지만, 현재 지나치게 높은 가격대가 형성되어 있으며 이로 인한 무리한 수익화와 투기로 이어질 수도 있습니다. 전문가들은 급성장한 NFT 시장에서 거품을 우려하기도 합니다. 실제로 코로나19 엔데믹과 함께 사람들이 오프라인으로 복귀하면서 메타버스와 NFT에 대한 관심도 급격하게 줄어들고 있습니다. 그럼에도 불구하고 메타버스와 NFT의 미래는 흥미로운 관찰 과제일 것입니다. 코로나19 팬데믹 같은 사태가 재발하지 않으리란 보장도 없을뿐더러 온라인게임이나 업무 회의 등 다양한 용도가 존재하기 때문입니다.

소셜미디어와 사회변동

'탄핵가결 일등공신 촛불' SNS·스마트폰이 지키고 키웠다.

이데일리, 2016년 12월 11일

국회에서 탄핵안이 가결된 이후 열린 7차 촛불집회에는 서울 광화문 80만 명, 전국 24만 명 등 총 104만 명의 시민들이 촛불을 들고 탄핵안 가결을 축하했다. 10월 29일 첫 집회 이후 50일 가까이 주말마다 이어진 촛불집회에서 SNS와 스마트폰은 큰 역할을 했다. 시민들은 SNS에서 촛불집회 참여를 독려하며 결속력을 다졌고 집회현장 상황을 실시간으로 공유하며 촛불집회 동력을 이어갔다.

시민들은 채팅 앱이나 카카오톡·트위터·페이스북 등 SNS를 통해 서로 집회 참여를 독려하고 결속력을 다졌다. 세계 1위 정보통신 인프라를 밑거름 삼아 SNS와 스마트폰을 활용한 참여 민주주의가 꽃을 피우고 있다는 평가다. 현장에서는 집회 상황을 사진과 동영상 등으로 담아 자신의 SNS를 통해 실시간으로 전달 및 공유한다. 페이스북 라이브를 통해 1인 개인방송을 하는 사람들도 많다. 현장의 생생한 열기를 타인에게 전달하고 경찰의 과잉대응이나 일부 과격 시위대의 폭력행위 등 부적절한 상황을 감시 및 견제하는 역할까지 한다.

2016년말 대한민국 전역에서는 촛불집회가 열렸습니다. 2002년 월드컵 길거리 응원처럼 이전에도 많은 사람이 한 공간에 모인 적은 더러 있었지만 2016년의 촛불집회는 다른 때와 달리 소셜미디어가 전국적으로 100만 명이 넘는 참가자들이 모이는 데 큰 역할을 했다는 의의를 가지고 있습니다.

정치적 목적이나 성향을 떠나 이처럼 소셜미디어와 스마트폰은 시민들이 모여 단체로 조직적 행동을 하는 데에 중요한 역할을 하고 있습니다. 이는 한국에서만 일어나는 현상이 아닙니다. 미국을 비롯한 세계 다른 나라에서도 소셜미디어와 스마트폰은 시민들을 길거리로 이끌고 목소리를 평화롭게 내게 합니다. 소셜미디어가 소통의 창구라고 한다면, 스마트폰은 소통의 창구로 이끄는 매개체라고 할 수 있겠습니다.

앞서 말한 것처럼 다른 나라에도 소셜미디어가 시민들을 길거리로 이끌어 정치적 의사를 표현하게 하는 데 영향을 미친 사례들이 많습니다. '아랍의 봄(Arab Spring)'이나 '월가 점령 시위(Occupy Wall Street)' 등이 대표적인 예라 하겠습니다. 두 사건 다 스마트폰과 소셜미디어가 본격적으로 시민들에게 보급되기 시작한 2011년에 절정을 이루었습니다. 모두 '아래에서 위로(Bottom-up)', '수평적(horizontal)' 형태의 사회 참여이자 온라인에서 시작된 집단 행동이 오프라인 집회로 발전했다는 공통점이 있습니다.

아랍의 봄은 2010년부터 시작된 아랍권 국가들의 대대적인 민주화 운동입니다. 아랍권 국가들은 아랍어를 사용하는 서아시아의 아라비아반도 그리고 북아프리카에 위치한 이집트, 알제리, 수단, 이라크, 사우디아라비아 등을 포함합니다. 아랍권 국가들은 지도자들의 장기 집권과 부패, 경제적 빈곤과 인권의 침해를 겪었습니다. 결국 2010년 12월 튀니지 혁명을 시작으로 아랍권 전역에 시위가 번지기 시작했습니다. 튀니지 혁명은 23년간 독재를 유지했던 벤 알리 정권을 퇴진하게 했습니다. 2011년 1월부터 2월까지 지속된 이집트 혁명은 30년간 장기집권한 호스니 무바라크 대통령의 하야를 이끌어 냈습니다. 2011년 2월 8일에는 100만 명이 넘는 이집트 시민들이 타흐히르 광장에 모여 무바르크 정권의 퇴진을 위한 시위에 참석했습니다.

당시 이집트에서는 페이스북 그룹이 혁명을 이끌었습니다. '우리는 모두 칼레드 사이드(We are All Khaled Said)'라는 페이스북 그룹이 대표적인 예입니다. 이 그룹은 이집트의 시민운동가 칼레드 사이드(Khaled Said)가 2010년 10월 이집트의 경찰이 마약을 거래하는 장면을 유튜브에 올렸다가 체포된 후 경찰의 폭행으로 사망한 사건을 계기로 만들어졌습니다. 이집트 출신 컴퓨터 공학자이자 인터넷 활동가인 와엘 그호님(Wael Chonim)이 사이드 사망 소식을 접하고 분노하여 만든 이 페이스북 그룹은 반정부 시위의 중심이 되었습니다. 그호님은 시사주간지 《타임》이 선정한 '2011년 가장 영향력 있는 100인'으로 뽑히기도 하였습니다. '우리는 모두 칼레드 사이드' 페이스북 그룹은 #egypt 같은 해시태그(#)를 적극적으로 이용한 것도 특징입니다. 아랍의 봄의 시초인 튀니지 혁명에서도 #sidibouzid(시디 부지드: 튀니지의 수도)와 같은 해시태그가 사용되었고 튀니지 시민들의 목소리가 소셜미디어를 통해 전 세계로 전파되었습니다.

아랍의 봄. © Medium

월가 점령 시위는 2011년 9월 미국 뉴욕에서 시작된 전 세계적 대규모 군중 시위였습니다. 2008년 미국은 서브프라임 모기지 사태와 그로 인한 금융 위기로 경제 침체를 겪었습니다. 미국 정부는 긴급경기부양을 위해 기업들에게 보조금을 지급하였습니다. 하지만 미국의 많은 금융 회사들은 이 자금을 경영진들에게 보너스를 지급하는 데 사용했습니다. 이에 미국 시민들은 상위 1%의 부자들이 미국 전체 부의 50%를 차지하는 현실을 개탄하며 '우리는 99%다(We are the 99%)'라는 구호와 함께 시위에 참여하기 시작했습니다. 이 시위는 트위터 등을 통해 급속하게 퍼져 나갔습니다. Occupywallst.org 같은 웹사이트나 #OccupyWallStreet, #OWS 등의 해시태그가 이 시위 정보의 확산을 도왔습니다.

월가 점령 시위.

거리에 나온 시민들은 앞서 발생한 아랍의 봄에 영향을 받았다고도 했습니다. 이 시위는 세계 각국으로 확산되었습니다. 10월에는 당시 경제 위기와 정부의 부패를 겪고 있던 스페인, 이탈리아, 벨기에 등지에서 시민들이 시위에 참여하기도 했습니다. 한국에서도 금융 회사들이 밀집한 여의도와 덕수궁에서 10월 중순 시위가 발생했습니다. 처음에 뉴욕에서 시작된 월가 점령 시위가 트위터나 웹사이트를 통한 시위 정보의 확산으로 전 세계에 동시다발적으로 퍼지게 된 것입니다.

2019년부터 현재까지 지속되고 있는 홍콩 민주화 운동 역시 소셜미디어가 군중을 결집하게 하는 데 큰 역할을 했습니다. 이는 홍콩 정부가 추진한 '범죄인 인도 법안'에 반대하여 2019년 6월부터 시작된 대규모 시위입니다. 홍콩의 케리 람 장관과 내각은 홍콩과 인도 협정을 맺지 않은 국가에도 범죄인 송환이 가능하게 하는 법안을 발의했습니다. 그러자 홍콩 시민들은 이 법안이 형사 사건의 해결이 아니라 중국으로의 정치범 소환에 쓰일 것을 우려했습니다.

이를 저지하기 위해 홍콩의 10대와 20대 청년들을 중심으로 홍콩 민주화 운동이 시작되었습니다. 시위 지도부인 조슈아 웡(Joshua Wong)은 2019년 홍콩 민주화 시위의 원조격인 우산 혁명(Umbrella Movement)를 2014년에 주도했습니다. 당시 웡은 17세의 청소년이었습니다. 이 혁명은 홍콩의 공산화를 우려한 시민들이 우산을 쓰고 거리로 나와 2014년 9월부터 12월까지 3개월간 지속한 운동이었습니다. 웡과 그의 동료 아그네스 차우(Agnes Chow), 네이선 로

(Nathan Law)는 소셜미디어를 통해 연락을 하며 시위를 기획했습니다. 우산 혁명은 홍콩 시민들의 단결력을 고취시켰고 홍콩의 청년들은 범죄인 송환법, 민주주의의 침해와 더불어 빈부격차와 높은 집값을 규탄하기 위한 반정부 시위를 만들고 참여했습니다. 이러한 운동은 소셜미디어를 통해 전 세계로 생중계되었습니다. 홍콩 민주화 운동은 2020년까지 9개월간 이어지며 세계에서 가장 오래 지속된 시위로 평가받았습니다.

그러면 구체적으로 소셜미디어의 어떤 특징들이 사람들을 길거리에 나오게 만들었고 의견을 표현하게 했을까요? 크게 세 가지를 꼽을 수 있습니다. 첫째는 스마트폰의 대중화, 둘째는 해시태그, 그룹 형성과 같은 소셜미디어의 커뮤니케이션 기능과 행동유발성

홍콩 민주화 운동. © The New Yorker

(affordance), 셋째는 사회 자본(social capital)과 관계 형성이 사람들의 정치적 의사 표현과 참여에 영향을 미친 것입니다.

2019년 자료에 의하면 현재 대한민국 국민의 100%가 휴대전화를 보유하고 있고 95%의 국민이 스마트폰을 소유하고 있습니다. 이 조사는 18개국을 대상으로 실시되었는데, 한국이 휴대폰과 스마트폰 보유율 모두 1위를 차지했습니다. 또한 인터넷 통계 사이트 '인터넷 월드 스태츠(internetworldstats.com)'에 따르면 2020년 상반기 기준 한국은 전체 96%의 가구가 인터넷을 사용하고 있는 것으로 조사되었습니다.

이처럼 인터넷과 스마트폰의 광범위한 보급과 그로 인한 소셜미디어의 접속은 시민들이 사회적으로 연결되는 데에 유의미한 영향을 미쳤습니다. 결과적으로 시민들이 정치 관련 정보를 접하기 위한 진입 장벽이 낮아졌고 멀티미디어를 동반한 커뮤니케이션이 활성화되었습니다. 현재는 유튜브나 페이스북, 인스타그램 라이브처럼 실시간으로 시위 상황이 생중계되어 누구나 인터넷에 접속만 한다면 현장에 있는 것처럼 영상을 시청할 수 있습니다.

소셜미디어의 주요 기능은 기본적으로 정보 전달과 사람들 사이의 연결이라 할 수 있습니다. 해시태그와 친구 맺기, 그룹 형성 기능 등은 이용자들이 정보를 검색하게 하고 서로 연결되게 해줍니다. 이처럼 다양한 행동을 유도하는 기능을 행동유발성 혹은 행동유도성이라합니다.

우선 해시태그는 메타데이터 태그입니다. 트위터, 페이스북, 인스타그램과 같은 소셜미디어에서 해시 기호(#) 뒤에 특정 단어를 쓰면 그 단어에 대한 글을 모아서 볼 수 있습니다. 이용자가 특정 내용을 보고 싶을 때, 해시 기호 다음에 그 단어를 쓰면(예: #일상, #강아지, #영화) 소셜미디어상에서 연관된 기사나 포스트 등이 모두 검색되어 정보를 습득할 수 있습니다. 블로그 이용자들이 블로그에 태그를 달아 특정 주제에 대한 검색을 용이하게 하는 것과 유사하다고 볼 수 있습니다.

해시태그를 통해 소셜미디어 이용자들은 매우 광범위한 정보와 다른 이용자들을 만나볼 수 있습니다. 소셜미디어상에서는 누구나 해시태그를 사용할 수 있고 공통의 관심사를 가진 사람들이 어떤 생각을 하는지 찾아볼 수도 있습니다. 공통의 관심사를 가진 사람들은 해시태그에서 비롯된 즉석 그룹(ad hoc group, ad hoc public)을 형성할 수도 있습니다.

앞서 언급한 월가 점령 시위처럼 해시태그를 사용하면 일면식도 없는, 다른 지역에 살고 있는 사람들의 소식을 소셜미디어로 접하고 동시다발적으로 온라인 집회에 참여하는 것도 가능합니다. 멀티미디어를 동반한 속보를 접하는 데에도 매우 유용합니다. 집회 참가자가 현장 사진이나 영상을 해시태그와 함께 소셜미디어에 올린다면 다른 소셜미디어 이용자들도 이러한 멀티미디어를 소비하면서 현장감을 느낄 수 있습니다. 정부 기관이나 비정부 기구(Non-Government Organization), 비영리단체(Non-Profit Organization), 시민단체도 해시태그를 통해 시민들의 참여를 독려할 수 있습니다. 누구나

페이스북은 추천 기능을 통해 사용자들의 그룹 활동을 유도한다.

사용할 수 있기 때문에 특정한 중심축 없이 자발적인 참여를 기대할 수 있습니다.

페이스북에는 그룹 기능이 존재합니다. 이 기능을 활용하면 공통의 관심사를 가진 사람들이 해시태그보다 더 조직적으로 모여 의견을 공유할 수 있습니다. 네이버 카페나 네이버 밴드를 통해서도 그룹 형성이 가능합니다. 이러한 그룹들은 자체적인 규범을 세우는 경우가 많은데 이를 준수하지 않으면 강제 탈퇴나 활동 정지와 같은 제한이 부과되기도 합니다. 이런 면에서 해시태그보다 그룹 활동이 조직적이라 볼 수 있습니다.

규범만 준수한다면 이용자들은 그룹 내에서 토론에 참여할 수도 있고 관련 이슈에 대한 심도있는 소식이나 멀티미디어 정보도 습득할 수 있습니다. 해시태그와 마찬가지로 그룹 활동에 참여하는 사람들의 범위는 매우 넓습니다. 관심사만 일치한다면 일면식도 없는 불특정 다수의 다른 이용자와도 대화에 참여할 수 있습니다. 이러한 온라인 그룹 활동은 점진적으로 조직적인 오프라인 그룹 활동으로도 발전이 가능합니다.

하나 덧붙이자면 시민들의 정치 참여는 사회적 자본(social capital)이 밑받침이 되어야 가능합니다. 정치 참여에는 물리적 자본(경제적 수입, 물리적 자산), 인적 자본(교육, 지식과 같은 개인의 인적 기술과 능력) 그리고 사회적 자본이 필요합니다.

분석철학가 힐러리 퍼트넘(Hilary Whitehall Putnam)은 사회적 자본이 지속적으로 축적되면 시민들의 사회 참여가 증가하고, 강한 시민사회가 형성되어 더욱 두터운 사회적 자본 축적으로 이어지는 선순환이 일어난다고 주장했습니다. 사회적 자본의 종류는 지역 봉사단체 활동, 상호 호혜성(reciprocity), 사회관계의 신뢰도(credibility)를 들 수 있습니다. 공통적으로 시민들간의 사회적 상호작용을 통해 구체화된다고 볼 수 있습니다.

소셜미디어를 통해 획득한 사회적 자본은 시민들이 정치 참여에 긍정적인 영향을 미치는 것으로 나타났습니다. 앞서 해시태그나 온라인 그룹 활동을 언급했지만, 소셜미디어상에서는 실제 오프라인에서 만날 수 있는 네트워크와 달리 지리적 경계를 초월해 다양하고 폭넓은 상대방과 일상적으로 만날 수 있습니다. 즉, 소셜미디어상에서는 더 적은 에너지와 시간을 투자하고도 더욱 폭넓은 인간관계를 유지할 수 있습니다. 현재 정치인과 같은 유명 인사, 전문가들도 소셜미디어를 사용하고 있습니다. 소셜미디어 이용자들은 전문가들을 직접 만날 수는 없지만 전문가와의 관계 맺기를 통해 한 주제에 대한 전문적인 정보 습득이 가능해집니다. 소셜미디어 내에서 친구의 수가 많을수록 누적되는 지식도 많아질 수 있습니다. 이는 네트워크 내에서 약한 관계(weak ties)가 많아지면, 가족이나 친구와 같은 강한 관계(storng ties)로는 얻기 힘든 새롭고 유용한 정보를 얻을 확률이 커지기 때문입니다.

약한 유대의 힘(The strength of weak ties)을 주창한 미국의 사회학자 마크 그라노베터(Mark Granovetter)는 강한 유대 관계를 가진 사람보다 약한 유대 관계를 가진 사람이 보다 풍부한 정보를 얻을 수 있다고 말했습니다. 소수의 긴밀한 관계를 맺기보다 다양한 다수와 느슨한 관계를 맺으면 실제적인 정보를 더욱 많이 획득할 수 있다는 것입니다. 그는 1973년 수백 명의 취업 과정을 인터뷰한 결과, 취업자들 가운데 83%가 자신에게 직장을 소개해준 사람들이 약한 유대 관계를 맺고 있는 사람들이라는 것을 발견했습니다. 이를 통해 강한 유대 관계에 의해 추천된 경우에는 약한 유대 관계의 인맥보다 추천에 객관성을 의심받을 가능성이 높다고 지적하기도 했습니다.

또한 소셜미디어 이용자들은 온라인 내에서 정치적 상호작용을 하는 데 물리적, 시간적, 심리적 제약을 덜 느낄 수 있습니다. 소셜미디어 속 커뮤니케이션 형태는 일대일 채팅도, 일대다 형식도 가능합니다. 공통의 관심사를 가진 관련 콘텐츠를 포스팅하는 행위가 일대다 형식의 커뮤니케이션의 예시라 할 수 있습니다.

소셜미디어 내에서는 동시적(synchronous)과 비동시적(asynchronous) 상호작용이 가능합니다. 그렇기 때문에 한 주제에 있어서 이용자들이 시간차를 두고 장기적으로 의견을 교환할 수 있습니다. 이러한 소셜미디어의 특성이 소셜미디어 이용자들의 심리적 부담감을 상당 부분 해소할 수 있습니다. 인간관계의 확장, 전문가와의 관계 맺기, 심리적 제약의 완화는 이용자들의 정치 참여에 긍정적인 영향을 미칠 수 있습니다.

소셜미디어를 통한 관계 맺기는 시위와 정치 참여의 경계를 허물었습니다. 소셜미디어상에서 시위와 정치 참여는 다양한 기능을 통해 누구나 주도할 수 있습니다. 온라인상에서도 다양한 형태의 정치 참여가 있을 수도 있고 그러한 적극적 활동은 오프라인으로 이어지기도 합니다. 이렇게 소셜미디어의 등장이 목소리를 낼 수 있는 환경을 많이 바꾸었듯이, 끊임없이 변화하는 미디어 환경에서 시민들이 다양한 정치 정보를 습득하면서 SNS 기능을 활용한 새로운 정치 커뮤니케이션 형태를 경험할 수 있을 것으로 기대해 봅니다.

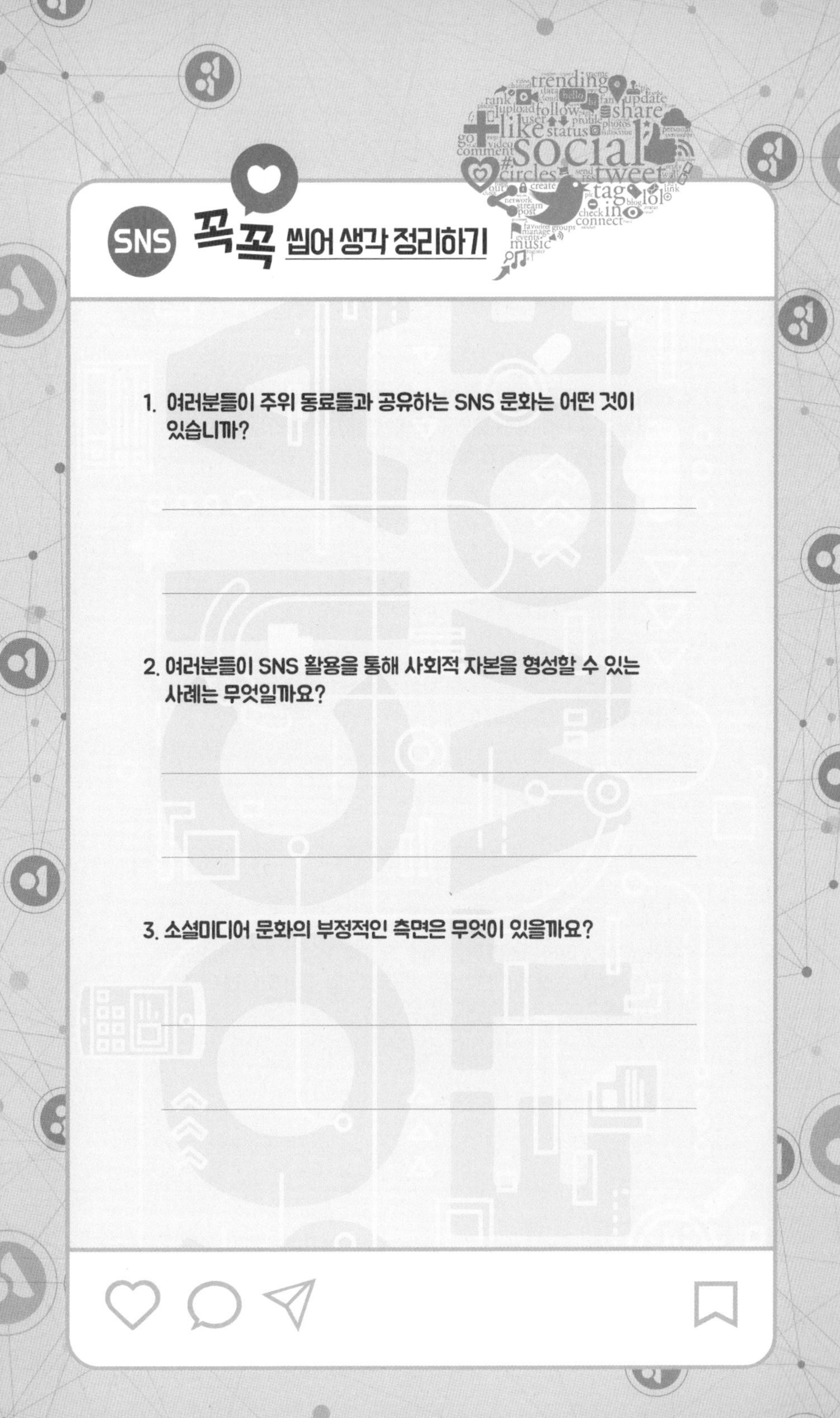

SNS 꼭꼭 씹어 생각 정리하기

1. 여러분들이 주위 동료들과 공유하는 SNS 문화는 어떤 것이 있습니까?

2. 여러분들이 SNS 활용을 통해 사회적 자본을 형성할 수 있는 사례는 무엇일까요?

3. 소셜미디어 문화의 부정적인 측면은 무엇이 있을까요?

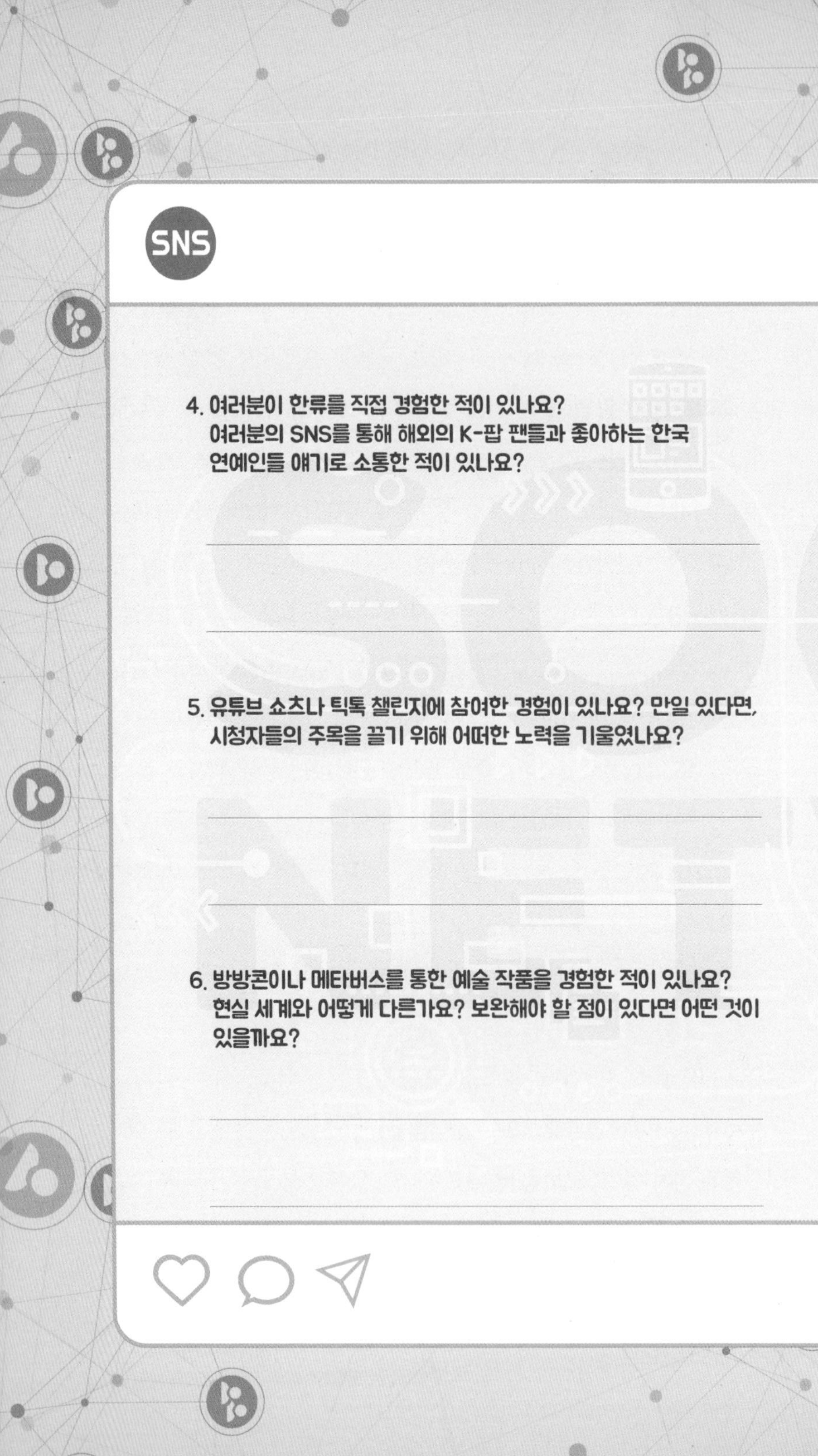

4. 여러분이 한류를 직접 경험한 적이 있나요?
여러분의 SNS를 통해 해외의 K-팝 팬들과 좋아하는 한국 연예인들 얘기로 소통한 적이 있나요?

5. 유튜브 쇼츠나 틱톡 챌린지에 참여한 경험이 있나요? 만일 있다면, 시청자들의 주목을 끌기 위해 어떠한 노력을 기울였나요?

6. 방방콘이나 메타버스를 통한 예술 작품을 경험한 적이 있나요?
현실 세계와 어떻게 다른가요? 보완해야 할 점이 있다면 어떤 것이 있을까요?

7. 메타버스와 블록체인, NFT를 학교에서 들어본 적이 있나요? 이러한 기술을 구현하려면 컴퓨터 코딩 기술이 뒷받침되어야 하는데 코딩 관련 교육을 받은 적이 있는지요?

8. 여러분은 스마트폰을 통해 모임을 조직한 적이 있나요? 그 모임은 효과적이었는지요?

9. 여러분이 겪은 약한 유대의 힘을 친구와 공유할 수 있을까요? 약한 유대의 힘은 우연적으로 발생했을까요? 아니면 필연적으로 발생했을까요?

3 PART

#소셜미디어 과의존과 중독
#소셜미디어와 허위 정보

소셜미디어의 부작용

소셜미디어 과의존과 중독

인류 문명 발달사에서 새로운 미디어 기술이 발명되고, 채택되며, 전파되는 과정을 거칠 때마다 해당 기술이 삶의 질에 어떠한 영향을 미치는가에 대한 논란은 항상 있었습니다. 공동체와 사회 유지에 필수적인 커뮤니케이션의 원활한 수행을 위해 발명된 미디어 기술이 우리의 육체 및 정신 건강에 미치는 영향에 대한 관심은 영상미디어, 특히 텔레비전이 등장한 이후에 증가했습니다.

잡지와 신문과 같이 문자로 정보가 전송되는 인쇄미디어는 텍스트를 읽기 위한 능력도 물론이지만, 해독을 위해 일정 정도의 인지적 노력이 필요합니다. 반면, 이미지와 음성으로 구성된 영상미디어 이용에는 별도의 인지적 능력이 거의 요구되지 않습니다. 오늘날 우리가 영상미디어를 습관적으로 시청하는 이유이기도 하죠. 미국에서 텔레비전이 급격하게 확산된 1960~1970년대에는 텔레비전의 과도한 시청이 사회적 문제가 되기도 했습니다. 텔레비전을 바보상자(idiot box)라는 멸칭으로 부르기까지 했습니다.

특히 미취학 아동과 청소년들에게 있어 과도한 영상미디어의 시청은 신체 및 정신적 문제를 야기할 수 있기에 미국의 소아청소년학회는 자녀들이 하루 2시간 이상 영상 스크린을 보지 못하도록 부모에게 권고하고 있습니다. 영국의 왕립 소아과 및 아동보건학회의 연구에 의하면, 3세 미만의 아동이 텔레비전을 과도하게 시청하면 뇌의 발달에 영향을 끼쳐 발달 장애나 비만 등 신체적 손상을 입을 수 있다고 합니다. 16세 이상 청소년들도 텔레비전 시청을 하루 최대 2시간까지로 제한해야 한다고 권고합니다. 이를 위해 가족 구성원 모두의 효율적인 미디어 이용과 활용을 위한 가이드라인(Family Media Plan)을 제시하고 있으며, 가정 내에서 가족 모두가 영상을 보지 않는 장소와 시간을 별도로 지정하여 지킬 것을 권장하고도 있습니다.

우리나라 경우는 어떠할까요? 2020년 발표된 한국 언론진흥재단의 「어린이 미디어 이용 조사」에 의하면, 3~9세 어린이들의 하루 평균 미디어 이용 시간은 약 4시간 45분에 달합니다. 이는 세계보건기구(WHO) 권고 기준의 4배 이상입니다. 일일 텔레비전의 시청 시간은 2시간 10분이며, 10명 중 8명에 달하는 78.7%의 어린이가 유튜브 등 온라인 동영상 플랫폼을 시청하고 있는 것으로 밝혀졌습니다. 부모들은 이런 미디어 이용을 통해 자녀들이 부적

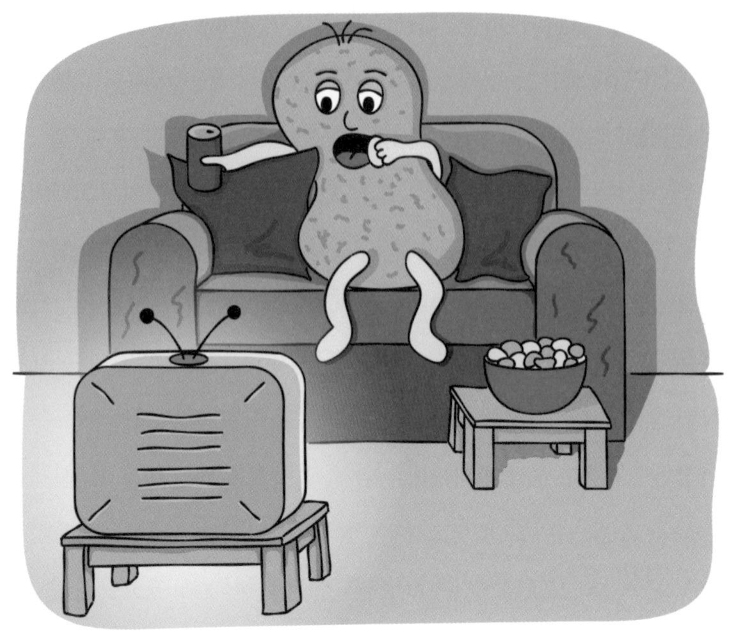

카우치 포테이토.

절한 언어, 무분별한 광고, 폭력적인 콘텐츠에 노출이 되는 것을 우려합니다.

물론 성인들에게도 텔레비전의 습관적 시청은 건강상에 심각한 문제를 야기할 수 있습니다. 과도 시청은 시력 저하와 비만을 비롯해 정신적 우울증과 무기력함을 유발하기도 합니다. 미국에서는 하루 일과를 마친 후 또는 주말 동안 가정 내의 편안한 소파(couch)에 앉아서 감자칩 등 과자를 먹으면서 텔레비전을 과도하게 시청하는 사람을 '카우치 포테이토'라고 부르기도 합니다.

텔레비전과 행복감의 관련성을 조사한 흥미로운 연구도 있습니다. 미국 메릴랜드대학의 존 로빈슨 교수는 35년 동안 4만 명 이상이 참여한 조사를 분석했는데, 행복한 사람들은 신문을 많이 읽는 반면에 텔레비전을 많이 시청하는 사람들은 행복하지 않다는 것을 발견했죠. 이런 연구 결과와 전문가들의 권유가 무엇을 의미하는 것일까요? 그것은 바로 오늘날 우리의 일상생활에서 매우 중요한 도구인 미디어가 신체와 정신에 부정적인 영향을 미칠 수 있다는 것입니다. 따라서 우리는 이런 미디어를 보다 주체적으로 통제하고 활용할 수 있는 능력을 갖추는 것이 중요합니다.

1980년대에 들어서서 반도체 기술의 발달에 따라 개인용 컴퓨터(PC)가 기업과 가족 등 사회 전 분야에 급속하게 확산됨에 따라 컴퓨터의 과도한 이용과 의존과 같은 미디어의 문제적 이용(problematic use)에 대한 사회적 논란이 다시 제기되었습니다.[1] 특히 컴퓨터 게임의 과도한 이용과 몰입, 즉 중독(Addiction)은 심각한 범죄로 이어지기도 했습니다. 우리나라에서 2009년 9월에 생후 3개월 된 딸을 지하 단칸방에 두고 인근 PC방에서 12시간 밤새 인터넷 게임을 한 부부가 체포된 끔찍한 사건이 있었습니다. 이런 현상은 세계적으로 발생하고 있기 때문에, 2019년 WHO는 국제질병표준분류기준을 개정하여 2022년부터 게임중독(Game Addiction)을 공식질병으로 분류하기로 발표했습니다.[2]

---

1 과몰입 또는 과의존은 특정 미디어를 사용하는 시간이 너무 많아서 과도하게 의존하고 몰입하는 현상을 의미한다. 사회과학에서는 이러한 현상을 이용 장애(disorder)라고 칭하지만, 의학계에서 과몰입 행위가 병리적인 성격을 띠는 경우에는 중독(addiction)으로 분류한다.

2 그러나 코로나19 팬데믹, 러시아의 우크라이나 침공 등의 변수로 인해 현재 유예 중이다.

컴퓨터 게임 중독 현상.

즉, 컴퓨터를 통한 인터넷 게임의 과도한 의존과 몰입을 사회적으로 대응과 치료가 필요한 하나의 병리적 현상으로 여기게 된 것입니다. 이용자 스스로의 의지로 극복할 수 있는 문제가 아니라는 거죠. 우리나라의 '온라인 셧다운제' 규제 정책은 이러한 사회적 우려를 반영한 것이라고 할 수 있습니다. 청소년들을 게임의 과도한 이용 또는 중독으로부터 보호한다는 명목으로 시행되었죠. 셧다운제를 포함하고 있는 '청소년보호법'은 2014년 헌법재판소에 의해 합헌 결정이 났습니다만, 2021년 11월 법 개정을 통해 청소년들의 자기결정권과 가정 내 게임 시간의 자율적인 선택권을 보장한다는 취지로 '게임시간 선택제'로 전환되었습니다.

지난 10여 년 동안 인터넷 기술의 발달과 스마트폰의 급속한 확산을 통해 소셜미디어에 대한 과도한 이용이 심각한 사회문제로 대두되었습니다. 이른바, 디지털 미디어의 중독 현상에 대한 사회적 관심이 고조되었다고 할 수 있죠. 물론 앞에서 설명한 것처럼, 인터넷과 스마트폰, 소셜미디어 등장 이전에도 미디어에 대한 과의존과 과몰입 현상에 대한 사회적 우려가 있었지만 이 정도는 아니었습니다.

그동안 우리 사회에서 문제가 되었던 것은 알코올, 담배, 마약 등 물질을 대상으로 한 중독현상이었죠. 그런데 스마트폰과 소셜네트워크 서비스의 과도한 몰입은 '행위 중독'이기 때문에 기존의 중독현상에 대해 이해와 대응이 달라져야 한다는 것입니다. 요컨대, 오늘날 스마트폰과 소셜미디어에 대한 과몰입은 단순한 '의지 부족'만의 문제가 아닙니다. 미디어의 이용 장애 또는 중독에 대한 보다 과학적이고 심리적인 접근이 필요한 이유이기도 합니다.

여러분들은 스마트폰에 어떤 의미를 부여하고 있나요? 스마트폰의 기상 알림 음악을 들으며 아침에 잠자리에서 일어나고, 밤에는 침대에서 유튜브의 영상을 시청하고 인스타그램의 계정을 넘나들며 스마트폰의 스크린에 빠져 잠을 뒤척이지 않는가요? 손에 스마트폰이 없으면 잠을 잘 수 없는 폰 슬리퍼(Phone Sleeper)가 되었다고 해도 과언이 아닙니다. 여러분이 하루에 스마트폰을 몇 번을 만지는지 알고 있나요? 한 연구에 의하면 현대인들은 하루에 스마트폰 화면을 2,617회 터치한다고 합니다. 아무 이유 없이도 그냥 습관적으로 확인하기도 하며, 끊임없이 날아오는 알림 진동에 자동적으로 반응하기도 하죠.

이처럼 스마트폰은 현대인에게 있어 이미 신체 기관의 일부가 되었다고 볼 수 있습니다. 영국의 시사 주간지 《이코노미스트》는 이러한 스마트폰 문명의 변화를 주도하는 신인류를 두고 2015년에 '포노 사피엔스(phono sapiens)'라고 명명했습니다. 휴대폰을 의미하는 'phono'와 지성을 의미하는 'sapiens'의 합성어로 '스마트폰 없이는 살아가기 힘든 세대'를 뜻합니다. 현생 인류가 오스트랄로피테쿠스–호모 에렉투스–호모 사피엔스로 진화한 것처럼 스마트폰의 발명과 함께 새로운 신인류가 등장하고 있다는 얘기지요. 성균관대학교 최재붕 교수의 저서 『포노 사피엔스』(2019, 쌤앤파커스)는 베스트셀러에 오르기도 했습니다. 스마트폰이 '뇌'이고 새로운 세대들이 '손'이 되어 인류의 문명을 새롭게 쓰고 있다는 것입니다.

과도한 스마트폰의 이용은 일상생활에서 여러분들의 신체에 물리적 통증을 유발하고 심각한 위험 상황으로 내몰리게 할 수도 있습니다. 아침부터 밤까지 자신의 하루 일과를 한 번 되돌아보세요. 침대와 화장실에서도, 버스 또는 지하철 안에서, 식사할 때에도, 심

포노 사피엔스로 진화하는 인류.

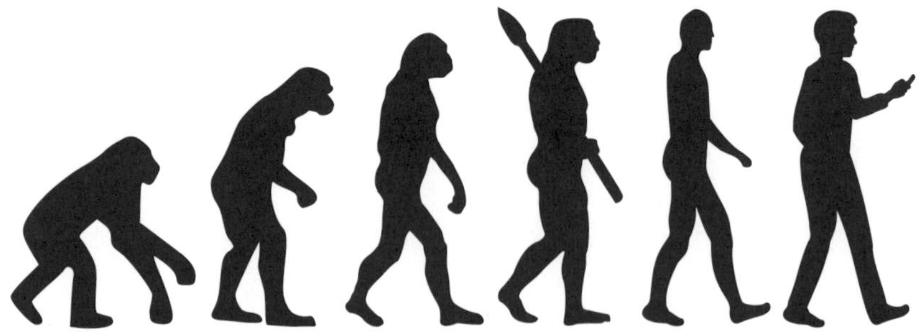

지어 다른 사람들과 대화를 하는 동안에도 수시로 스마트폰을 손에 항상 소지하면서 문자 등을 확인하죠. 대략 100~200그램 무게가 나가는 스마트폰이 여러분의 손목 질환을 유발할 수 있는 것입니다. 이른바 '손목터널증후군'이라고 하는데, 이것은 손목 앞 힘줄과 신경이 지나는 수근관(손목터널)이 좁아져서 신경을 압박하여 나타나는 이상 증상입니다. 이전에는 집안에서 가사일을 많이 하는 주부 또는 악기 연주자 등에게 나타나는 질환이었지만 요즘은 스마트폰을 과하게 사용하는 사람들에게 많이 발생하고 있죠.

또한 여러분들은 횡단보도에서 직접 경험을 하거나, 가끔 사고가 발생하는 것을 목격하였을 것입니다. 반대편에서 걸어오는 사람과 충돌이 일어나거나 교통사고가 발생하기도 합니다. 거리에서 보행 중에도 스마트폰에서 눈을 떼지 못하는 '폰 워커(Phone Walker)' 수준을 넘어 '스몸비(Smombie)'가 탄생한 것이죠. 스마트폰과 살아 움직이는 시체를 뜻하는 좀비(zombie)의 합성어로, 길거리에서 폰 화면을 보는 데에 집중하여 고개를 숙이고 마치 좀비처럼 걸어가는 사람들 빗대어 일컫는 말입니다. 폰의 자그마한 화면에 정신이 팔려 이동 중에도 문자 메시지를 확인하고, 검색을 하며 비틀비틀 걸음걸이를 하게 되는 것이죠. 이처럼 스마트폰과 SNS의 과몰입은 여러분의 몸 건강을 해칠 수도 있으며 심각하게는 안전과 생명에 위협이 될 수도 있다는 것을 명심해야 합니다.

미국 캘리포니아주립대(UCLA) 시밀 신경의학 및 인간행동 연구소(Semel Institute for Neuroscience and Humn Behavior)의 정신의학자 피터 와이브로(Peter Whybrow) 박사는 스마트폰은 일종의 '전자 코카인'이라고 주장합니다. 사회적 동물로서 인간은 타인으로부터 인정을 받고자 하는 욕구가 존재한다는 것이죠. 여기서 인정이란 어떤 태도나 행위에 대한 보상이라고 할 수 있습니다. 이 과정에서 우리의 뇌는 보상을 받았다는 신호로써 화학물질인 도파민을 분비하는 데, 이게 바로 우리가 디지털 기기에 중독되는 이유입니다.

보다 구체적인 예를 들어보면, 페이스북 상태 또는 인스타그램의 사진에 대해 누군가가 '좋아요'를 누르게 되면, 계정 주인의 뇌가 도파민을 분출하게 되고 인정 욕구가 충족되는 것이죠. 사람들이 지인과 음식점에 가서 식사를 하기 전에 음식 사진을 미리 찍어 인스타그램에 올리는 이유이기도 할 것입니다.

그래서 우리는 페이스북, 인스타그램 등 SNS 사이트에 즐겁고 행복한 모습을 보여주고자 하는 경향이 강합니다. SNS 공간에서 관계를 맺고 있는 친구들에게 나의 정체성과 존재감, 나아가 나의 삶을 인정받고 싶은 욕구가 있기 때문이죠. 타인과의 상호작용을 활발하게 하도록 도와주는 소셜미디어의 사회적 기능이 오히려 이용자들의 삶의 만족도를 떨어뜨리는 기능을 하는 것이죠.

타인과의 비교를 하면서 자존감이 낮아지게 되고 자신의 정체성에 대한 부정적인 인식이 증대하는 현상이 나타납니다. 인스타그램에서 특히 10대들이 자신의 정체성과 타인과의 상호작용 과정에서 형성되는 사회적 정체성에 대한 심각한 부작용이 발생할 수 있는 것이죠. 최근 미국에서는 페이스북의 기술자가 내부 고발을 했는데요, 인스타그램의 과도한 이용이 10대 청소년의 우울감에 영향을 미친다는 것을 알면서도 아무런 조치를 취하지 않았다고 비판을 하기도 했습니다.

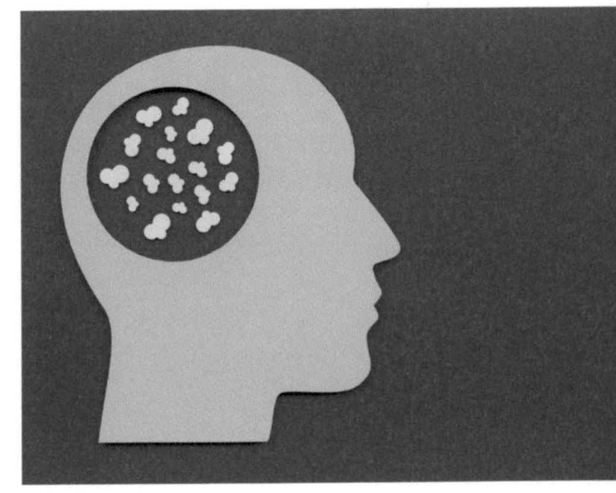

팝콘 브레인.

보다 심각한 문제는 여러분들의 뇌에서 발생합니다. 스마트폰과 SNS를 통해 게임, 짧은 동영상 등 자극적인 정보와 콘텐츠에 익숙해지면서 현실 세계의 느리고 약한 자극에는 더디게 뇌가 반응을 하는 현상이 바로 그것입니다. 이런 현상은 연령이 낮을수록 더욱 심하게 나타나며 성장기의 아동과 청소년들의 정상적인 뇌의 발달을 저해해 집중력과 사고력, 인지 능력 등을 감퇴시키고는 합니다. 한번 본인들의 스마트폰과 SNS 이용 패턴을 돌이켜 보세요. SNS 애플리케이션을 통해 날아오는 '알림'을 확인하고, '좋아요' 몇 개를 받았는지, 혹시 톡이나 문자가 온 것은 없는지 시간마다 확인하죠.

스마트폰이 학습 능력에 미치는 영향에 관한 흥미로운 실험 연구도 있습니다. 시험 시간에 그냥 책상 위에 스마트폰을 두는 것만으로도 성적 저하에 영향을 미친다는 것을 발견했습니다. 스마트폰의 존재 그 자체가 여러분들의 인지적 노력에 훼방을 놓는 것입니다. 스스로에게 질문을 해보세요. 최근, 아니 지난 1년 동안 한

중2까지는 스마트폰을 사주지 말자는 미국의 'Wait Until 8th' 캠페인.

시간 이상 집중하여 독서를 하거나 공부를 하는 데에 어려움은 없었나요?

이런 이유로 인해 미국 학부모들은 자녀들이 8학년(중2)이 되기 전에는 스마트폰을 사주지 말자는 캠페인을 진행하고 있습니다. 자녀들이 성장기에 스마트폰 등 디지털 기기의 부작용으로부터 보호하고자 하는 부모님들의 간절한 열망이 담겨져 있는 운동인거죠. 마이크로소프트의 창업자 빌 게이츠(Bill Gates) 부부 역시 자신들의 아이들이 14세가 되기 전까지는 휴대전화를 사주지 않았다고 언론 인터뷰에서 밝혔고요, 아이폰과 아이패드의 아버지라고 할 수 있는 스티브 잡스(Steve Jobs) 역시 생전에 자녀들이 디지털 기기에 중독되지 않도록 가족이 함께하는 자리에서는 컴퓨터나 아이폰 등을 꺼내지 않았다고 자서전에서 밝혔습니다. 오늘날 디지털 기술의 환경을 있게 만들었던 IT업계의 최고의 두 거물들이 진작 자신들의 아이들에게는 사용을 제한을 시켰다는 게 아이러니한 상황입니다.

학교에서 스마트폰의 사용과 수거, 금지 등은 매우 뜨거운 논란을 일으키고 있죠. 외국 사례를 한 번 살펴볼까요? 개인의 자유와 평등의 가치를 소중하게 여기는 유럽에서도 학교에 스마트폰을 가져오는 것에 제한을 두고 있습니다. 프랑스의 마크롱 대통령은 선거 공약 중 하나로 교내 스마트폰 전면 금지를 내걸었습니다. 당선 후 지난 2018년 프랑스 하원은 3~15세 학생이 스마트폰과 태블릿 PC 등 디지털 기기를 학교에서 사용하지 못하도록 하는 법안을 통과시켰습니다. 학생들은 폰을 집에 두거나 학교에서는 전원을 꺼둬야 합니다. 고등학교는 학교장이 결정하도록 했죠. 영국 정부 역시 비슷한 정책을 발표했습니다. 2021년 9월부터 초중고 모든 학교에서 '품행 허브 프로그램'을 시행했는데 학교에서 스마트폰을 퇴출시키는 것이 중요한 목표 중 하나입니다.

학생의 날을 기념해 핸드폰 강제 수거 금지를 요구하는 고등학생들의 포스트잇 퍼포먼스. © 21세기청소년공동체 희망

우리나라는 아직 이런 정책이 시행되고 있지 않습니다. 2020년 11월 국가인권위원회는 '학교 내 휴대전화 전면 사용금지는 인권 침해'라며 학생 생활 규정의 개정을 권고했습니다. 하지만 압도적 다수의 교사와 학부모들은 반대의 입장을 보이고 있습니다. 교사, 학부모, 학생뿐만 아니라 전 우리 사회 구성원들 모두가 논의와 대화를 통해 사회적 합의를 만들어 가야할 중요한 문제입니다.

소셜미디어와 허위 정보

2016년부터 가짜뉴스(fake news) 라는 용어의 사용이 급격하게 늘어나고 있습니다. 2016년은 미국 45대 대통령 선거가 있던 해였습니다. 도날드 트럼프와 힐러리 클린턴이 맞붙었던 당시 선거에서는 트럼프가 클린턴을 공격하는 가짜뉴스가 등장했습니다. 대선에서 가짜뉴스는 큰 영향력을 발휘해 주요 언론의 보도와 대중의 판단을 흐리게 만들었습니다. 구글이 제공하는 검색량 분석 소프트웨어 구글 트렌드에 의하면 가짜뉴스라는 키워드 검색이 2016년 9월에 급격하게 높아지기 시작해 2017년 1월에는 정점을 이루었습니다.

가짜뉴스는 '뉴스 형식으로 전달되는 허위 정보'입니다. 가짜는 '거짓을 참으로 꾸민 것'이고 뉴스는 '새로운 소식'입니다. 즉 가

가짜뉴스와 사실.

짜뉴스는 '허위, 거짓 사실로 구성된 새로운 소식'이라 할 수 있겠습니다. 허위와 진실을 구분하는 기준은 '사실의 존재 유무'에 기초합니다. 허위 사실은 존재하지 않는 것을 있는 것처럼 꾸미거나, 존재하고 있는 것을 없는 것처럼 가장할 때 만들어집니다. 옥스퍼드 사전은 2016년을 상징하는 단어로 '탈진실(post-truth)'를 선정해, 가짜뉴스가 전 세계적으로 나타나는 현상이라고 주장했습니다. 현재 디지털 미디어의 발달로 인해 가짜뉴스는 정치와 사회 현상 전반에 걸쳐 빠르게 퍼져가고 있습니다.

가짜뉴스의 개념은 명확하게 단일한 의미로 쓰이지 않습니다. 가짜뉴스는 넓게 보면 풍자적 가짜뉴스(satirical fake news), 루머(rumor), 잘못된 정보(misinformation) 그리고 허위 정보(disinformation)를 모두 지칭합니다. 그리고 언론 보도 형식을 차용한 메시지뿐만 아니라 그렇지 않은 메시지도 가짜뉴스에 해당됩니다.

가짜뉴스를 보다 구체적으로 이해하기 위해서는 잘못된 정보(misinformation)와 허위 정보(disinformation)를 정확하게 구분해야 합니다. 현재 한국어 표현에서 이 두 가지 용어를 정확하게 지칭하는 단어는 없습니다. 그래도 가장 유사한 의미인 잘못된 정보와 허위 정보로 지칭하기로 하겠습니다. 잘못된 정보와 허위 정보의 가장 큰 차이는 발화자가 의도를 가지고 기만을 하였는가 여부입니다. 잘못된 정보는 사실과 전체, 또는 부분적으로 다른 정보를 말하며 포괄적으로 사용될 수 있습니다. 허위 정보는 신중하게 계획되고 기술적으로도 복잡한 사기 과정의 산물입니다. 출처와 내용물만으로는 기만의 의도를 파악하기가 쉽지 않습니다.

잘못된 정보에 대해서 발화자는 전달하는 정보가 잘못되었음을 인지할 수도 있고 모를 수도 있습니다. 잘못된 정보는 발화자가 거짓을 전달하겠다는 의도성과 관계없이 부정확하고 잘못된 정보를 모두 지칭합니다. 오보(false report), 풍자적 가짜뉴스(satirical fake news), 패러디(parody), 루머(rumor) 모두 잘못된 정보에 포함됩니다.

오보는 언론사의 포괄적인 실수입니다. 즉, 언론사에서 다루는 사실이 왜곡된 것입니다. 오보는 취재 과정에서 실수(mistake)라는 의미가 있지만, 허위 및 과장보도, 불공정보도, 해석상의 착오(misleading report) 등을 포함하는 포괄적인 개념입니다. 편파 보도(biased report)도 사실 왜곡 여부에 따라 오보에 포함될 수 있지만, 일반적으로는 입장이 상충되는 집단에 대한 사실 보도에서 사실적 내용의 포함과 의견의 편향성이 있는 보도를 말합니다.

풍자적 가짜뉴스는 전통적인 저널리즘 형식을 모방해서 이슈를 풍자적으로 비꼬는 뉴스입니다. 이는 뉴스의 진지함에서 벗어나 사실을 유머와 함께 결합해 논의하는 정치 담론의 한 양식으로 텔레비전 쇼를 통해 발전했습니다. 일반적으로 뉴스는 경성 뉴스(hard news)와 연성 뉴스(soft news)로 나뉩니다. 경성 뉴스는 '뉴스의 출처가 공적 영역이면서 정보의 중요성과 사회적 영향성을 분석적으로 담고 있는 뉴스'입니다. 연성 뉴스는 '뉴스의 출처가 사적 영역이면서 인간적인 흥미를 주요 내용으로 담고 있는 뉴스'입니다. 풍자적 가짜뉴스는 연성 뉴스에 해당되며 비판적 저널리즘의 한 장르입니다. 이러한 풍자적 가짜뉴스는 민주주의적 토론을 살아나게 하는 대안으로 여겨지기도 합니다. 그렇기 때문에 풍자적 가짜뉴스는 현실을 비꼬아 정치인들의 부패와 잘못을 적극적으로 드러낸 풍자 코미디로 긍정적인 평가를 받고 있습니다.

루머는 진위가 확인되지 않은, 사람들 사이에서 확산된 정보입니다. 루머의 정의는 '확실한 증거가 없지만 사람들 사이에서 구전을 통해 전달되는 진술'입니다. 루머는 검증이 되지 않아 불확실성, 위험상황 혹은 잠재적

미국의 정치 풍자 코미디 프로그램. © SNL

위협상황에 처한 사람들이 그 위험을 통제하고 이해하기 위해 공유하는 것으로 정의됩니다. 루머는 짧은 시간 안에 대규모로 확산됩니다. 한 사람의 메시지가 다른 사람에게 전달되어 형성되기도 하지만, 한 사람이 집단이나 사회에 무작위로 메시지를 유포하기도 합니다.

루머는 현재 소셜미디어와 같은 인터넷 미디어를 통해 확산됩니다. 루머 가운데에는 잘못된 정보와 의도적으로 퍼뜨린 가짜 정보가 포함될 수 있습니다. 이 중에는 사실로 판명이 나는 경우도 있기 때문에 가짜뉴스와 루머를 동일시하기에는 다소 위험이 따릅니다. 루머와 뉴스의 차이는 사실성 여부를 검증했는지 입니다. 뉴스는 기자와 같은 언론인의 취재의 결과물로서 공식적인 저널리즘 규범이 적용되지만, 루머는 검증되지 않았고 '누구로부터 들었는데'라는 출처의 인용을 통해 전달됩니다. 이 검증의 주체는 명시적이고 확인이 불가능한 경우가 대다수입니다. 그리고 루머는 자극적이면서 단순한 내용인 경우가 많습니다. 온라인상에서 특히 매우 빠르게 확산되며 생명주기는 짧습니다.

허위 정보는 목표 대상을 속이기 위해 계산된 방식으로 거짓 또는 오도하는 정보입니다. 허위 정보가 되기 위해서는 누군가를 속일 생각(intention to deceive)을 가지고 있어야 합니다. 다시 말해 다른 사람을 속여야 한다는 의도를 가진 정보입니다. '역정보', '날조된 허위 정보'로 불리기도 합니다. 옥스포드 영어 사전은 허위 정보를 '의도적인 거짓 정보(deliberately false information)'로 정의합니다. 허위

가짜뉴스의 문제점은 1890년대부터 지적되어 왔다. 위 그림은 1894년에 그려진 가짜뉴스를 비꼰 일러스트.

정보는 본질적으로 거짓말입니다. 하지만 거짓말도 잘못된 정보처럼 때로는 속일 의도가 없는 경우도 있습니다. 즉, 허위 정보는 거짓말 중에서도 의도를 가진 거짓말이라 할 수 있겠습니다. 이 의도성은 객관적으로 판단하기가 어렵지만 기만성은 형식적 측면과 내용적 측면 모두 허위성을 가지고 있습니다.

우리가 흔히 알고 있는 가짜뉴스는 허위 정보와 매우 밀접하게 연관되어 있습니다. 허위 정보는 잘못된 정보의 하위 개념에 속할 수도 있지만 발화자 혹은 창작자가 거짓된 정보임을 인식하고 있는지 그리고 이 정보가 특정한 목적에서 의도성을 가지고 전파가 되

WTOE 5 NEWS
YOUR LOCAL NEWS NOW

HOME | US ELECTION

Pope Francis Shocks World, Endorses Donald Trump for President, Releases Statement

TOPICS: Pope Francis Endorses Donald Trump

photo by Jeffrey Bruno / CC BY-SA 2.0 / cropped & photo by Gage Skidmore / CC BY-SA 3.0 / cropped

프란치스코 교황이 트럼프를 지지한다는 가짜뉴스.
© WTOE 5NEWS

는지가 허위 정보가 되는 것을 결정합니다.

가짜뉴스를 구분할 때 풍자와 속임수의 경계는 상당히 모호한 편입니다. 이는 가짜뉴스로 판별함에 있어서 많은 문제를 야기할 수 있습니다. 2016년 미국 대통령 대선 당시 대표적인 가짜뉴스였던 '프란치스코 교황이 트럼프 후보를 지지했다'는 뉴스의 경우, 최초 출처는 WTOE 5뉴스라는 웹사이트였습니다. 이 웹사이트는 '환상의 뉴스 웹사이트'이며 '대부분의 기사는 풍자적이거나 순수한 환상'이라고 명시했습니다. 하지만 해당 뉴스는 페이스북, 트위터 등 소셜미디어를 통해 전파되면서 사실을 가장한 악의적인 뉴스로 대중들에게 받아들여졌습니다. WTOE 5뉴스가 풍자를 의도했는지, 거짓을 의도했는지는 아직도 판단이 쉽지 않습니다.

가짜뉴스 유포는 여러 목적을 가지고 만들어집니다. 첫째는 가짜뉴스를 유통시켜 경제적인 이득을 취하기 위함이고, 둘째는 상대방에 대한 허위사실 유포로 경쟁자나 경쟁 집단의 세력을 약화시키고 본인들에게 유리한 여론을 조성하기 위해서입니다. 2016년 미국 대선 당시 트럼프에 우호적인 가짜뉴스를 많이 쏟아냈던 곳 중 하나는 마케도니아의 소도시 벨레스였습니다. 컴퓨터공학 전공자 베카 라차비제(Beqa Latsabidze)는 가짜뉴스 사이트를 만들어 막대한 수익을 챙긴 것으로 알려졌습니다.

문재인 전 대통령의 국기에 대한 왼손 경례 사진은 가짜뉴스라는 청와대 발표. © 청와대 트위터

우리나라에서도 박근혜 전 대통령 재임 당시 청와대 내부에 마약이 사용되었다는 루머가 존재했습니다. 문재인 전 대통령이 한 회의 석상에서 왼손을 가슴에 얹고 국기에 대한 경례를 하는 모습 또한 조작된 사진입니다. 박근혜 전 대통령, 문재인 전 대통령과 관련된 가짜뉴스는 경쟁 세력을 약화시키기 위해 만들어진 예시입니다.

그리고 특정 인종이나 집단에 혐오를 증폭시킬 목적으로도 가짜뉴스는 만들어집니다. 2018년 제주도에 난민 신청을 했던 예멘 청년들이 IS 테러리스트 단원이라는 소문이 퍼지며 난민 수용에 회의적인 사회 분위기가 조성된 적도 있었습니다. 이는 특정 집단에 혐오를 조장하기 위해 만들어진 가짜뉴스입니다. 마지막으로

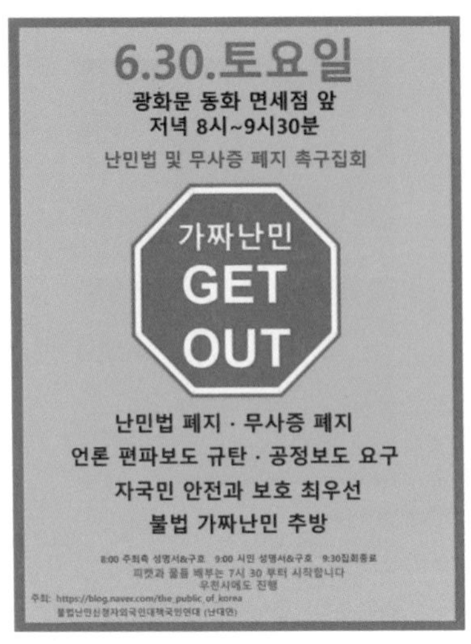

제주 난민 사태 관련 집회 포스터.

자신이나 자신이 속한 집단을 홍보하기 위해서도 가짜뉴스는 사용될 수 있습니다. 특정 제약회사에서 획기적인 암 치료제를 개발했다는 가짜뉴스를 생산해 주식 폭등을 노리는 경우가 그 예입니다. 그렇기 때문에 속이기 위한 의도, 뉴스형식, 거짓정보가 가짜뉴스의 핵심 요소입니다. 가짜뉴스는 WTOE 5뉴스처럼 웹사이트에서 만들어져 인터넷을 통해 전파되기도 하지만 정규 텔레비전 방송을 통해서도 전파될 수 있습니다.

가짜뉴스 사이트들은 본인들이 가짜라고 공개하지 않습니다. 그러면서 언론의 보도 형식을 차용해 허위 기사를 만들어냅니다. 가짜뉴스가 정규 뉴스의 형식을 차용했다는 것은 일반 언론이 갖는 공신력에 무임승차하겠다는 것을 의미할 수도 있습니다. 언론의 공신력은 그동안 언론사가 오랜 시간을 통해 쌓은 사회적 신뢰에서 비롯되며, 언론에 대한 사회적 신뢰는 보도의 공정성, 정확성에 의해 형성됩니다. 가짜뉴스는 특정 언론사를 사칭하지 않으면서 본인들이 공신력 있는 언론사임을 거짓으로 홍보하기에 독자들은 가짜뉴스를 공식 언론사의 뉴스로 오인하게 됩니다. 가짜뉴스

제작자가 표면상 뉴스 형식을 선호해 육하원칙의 '누가, 언제, 어디서, 무엇을, 어떻게, 왜'에 따라 가짜뉴스를 유포했다면 기사가 실제로 허위인지, 기사로 인한 피해는 어느 정도인지 판단해야 합니다. 이는 법적인 차원에서 해결되도록 제도적 장치가 마련되어야 합니다.

이러한 가짜뉴스를 실제 언론보도처럼 보이게 만든 데에는 소셜미디어의 낚시성(hoax) 게시물이 큰 영향을 미쳤습니다. 소셜미디어상에서는 공유 및 댓글 숫자가 곧 관심을 나타냅니다. 공유 및 댓글 숫자로 나타나는 대중의 가짜뉴스에 대한 호응은 사회적 집단행동이 될 수 있습니다. 온라인상에서 독자들은 뉴스에 주목할 때 그 뉴스를 소비합니다. 우리에게 주어진 시간이나 두뇌의 용량은 일종의 제약입니다. 즉, 독자가 주목할 수 있는 양은 한정되어 있기 때문에 가짜뉴스 제작자는 독자의 주목을 끌기 위해 자극적이고 단편적인 정보를 포함합니다. 독자 입장에서 가짜뉴스는 원초적으로 받아들여질 수 있는 정보입니다.

그리고 이 과정에서 개인의 확증 편향[1]이 가짜뉴스의 소비에 큰 영향을 미칠 수 있습니다. 아무리 황당무계한 내용의 가짜뉴스도 개인적 신념 체계와 맞으면 개인은 그 뉴스를 소비할 수 있습니다. 인간에게 있는 심리적 특성, 즉 본인이 기존에 가진 신념이 맞음을 확인하기 위해 가짜뉴스는 그 심리적 호기심을 해소해 줄 수

---

1 confirmation bias, 원래 가지고 있는 생각이나 신념을 확인하는 경향성.

있습니다. 대중은 이렇게 여러 정보 가운데 본인의 신념을 확인시켜 주는 정보를 선별적으로 고르고 나머지는 무시할 수 있습니다. 이를 선택적 노출(selective exposure)[2]이라고 하는데 본인의 신념에 맞는 정보만 공유해 확산시키고 신념에 맞지 않는 정보는 거부하는 반향실(echo chamber)[3]을 형성합니다. 아무리 신념에 맞는 정보라 하더라도 허위 정보는 잘못된 믿음을 낳고 한번 고착화되면 잘 고쳐지지 않을 수 있습니다.

또한 결과적으로 집단 극화를 만들어 내기도 합니다. 집단 극화는 신념이 다른 두 집단의 심리적 거리라 할 수 있습니다. 한국에서 보수당 지지자와 진보당 지지자 사이의 심리적 간극, 온라인상에서 볼 수 있는 두 집단의 토론이 집단 극화의 예시입니다. 본인이 지지하는 정당을 옹호하고 상대방 정당을 비난하기 위해 만들어진 가짜뉴스는 개인의 신념 고착화와 가짜 정보의 활성화 그리고 이러한 현상의 반복이라는 악순환을 낳습니다. 소셜미디어 내에서 개인의 정보 소비 성향 패턴에 맞춰서 선호하는 정보를 소개하는 알고리즘도 이러한 현상을 가속화시킵니다.

소셜미디어를 통해 수평적으로 전달되는 정보는 다양하고 투명하지만 진위가 검토되지 않은 경우가 많습니다. 소셜미디어 내에서

2 자신이 가진 신념에 위배되는 정보를 기피하는 현상. 정보의 소비자들은 외부에서 수많은 정보에 노출되지만 전부 주의를 기울일 수 없기 때문에 선택적으로 소수의 자극만을 인지하고 정보를 소비한다.

3 정보 이용자들이 기존의 신념과 정보 소비 행태에 의해 형성된 커뮤니케이션 체계에 의해 증폭, 강화되고 같은 입장만 지닌 정보만 지속적으로 수용하는 현상.

비교적 짧은 글과 그림, 사진, 동영상처럼 단편적인 정보가 전달되는 경향이 있습니다. 이러한 단편적이면서 개인의 확증 편향을 강화하는 허위 정보가 소셜미디어 내에서 폭증한다면, 사회는 혼란에 빠질 수 있습니다. 검증되지 않은 허위 사실 유포는 개인의 명예를 훼손할 수도 있고 사이버 폭력으로 이어질 수 있습니다.

이를 해결하기 위해서 소셜미디어 시대에 미디어 리터러시(literacy, 읽고 쓸 수 있는 능력) 교육이 필요합니다. 현재 소셜미디어 환경에서 이용자들은 제작자임과 동시에 소비자이면서 참여자입니다. 그렇기 때문에 제작자나 소비자 모두를 포함하는 입장에서 기사와 광고의 구분, 사실과 의견 논평이 구분, 유머 풍자와 뉴스 구분에 대한 교육이 필요할 수 있습니다. 더불어 미디어 리터러시 교육은 진짜와 가짜 정보 구분하기, 부정확한 정보를 검증하기, 정보의 신뢰도를 평가하기와 같은 내용을 포함해야 합니다. 이를 통해 개인은 정보를 비판적으로 소비할 수 있습니다. 비판적 소비란 어느 정보가 믿을 수 있고 진실된지 확인할 수 있는 안목을 의미합니다. 소셜미디어 내에서 진위가 확인되지 않은 정보에 속지 않기 위해, 이용자들은 끊임없이 정보의 원천을 확인해야 하고 주변 이용자들에게 자문을 구해야 합니다. 미디어 리터러시에 대해서는 5부에서 다시 다루도록 하겠습니다.

소셜미디어 시대에서 가짜뉴스는 피할 수 없는 현상일 수 있습니다. 하지만 이에 속지 않기 위해서 우리는 진위를 확인하기 위한 끊임없는 노력을 해야 합니다. 본인의 신념에 맞는 정보라고 하더

비판적 사고로 가짜뉴스를 판별할 수 있는 리터러시 능력이 필요하다.

라도 무조건적으로 수용하는 행위도 지양해야 합니다. 이는 비판적 사고력이라고도 할 수 있습니다.

한겨레신문의 구본권 기자는 비판적 사고를 일상에서 훈련할 수 있는 4가지 도구를 아래와 같이 소개했습니다.

첫째, 모든 지식과 정보는 완벽하지 않다고 인정해야 합니다. 여러분이 소유한 지식이 당연한 것처럼 받아들여도 더 나은 지식이 나타날 수 있다는 걸 인정하면 확신과 아집에 머무르지 않을 수 있습니다.

둘째는 여러분이 소유한 지식이 무엇에 근거하고 있는지 살펴봐야 합니다. 어떤 주장이나 논리가 튼튼한지 살펴보려면 논리 구조가 얼마나 탄탄한지 살펴봐야 합니다.

셋째, 제시된 논리와 정보의 의도를 읽는 것이 중요합니다. 화자의 의도를 파악하기 위해서는 해당 발언과 정보로 누가 어떠한 이득을 얻을지 그 숨은 의도를 생각해보는 것입니다.

마지막으로 사실과 의견을 구분하는 능력도 중요합니다. 사실은 달라지지 않지만 의견은 사람마다 다를 수 있음을 인정해야 합니다. 여러분들이 보는 뉴스 기사에는 사실과 의견이 섞여 있습니다. 이를 명심하고 비판적인 안목을 가진 소셜미디어 이용자가 되기를 바랍니다.

SNS 꼭꼭 씹어 생각 정리하기

1. 여러분들에게 스마트폰은 어떤 의미와 가치를 지니고 있는가요?

2. 여러분들은 일상생활에서 스마트폰 때문에 위험한 상황에 처한 적이 있습니까? 만약 그렇다면, 그 당신의 느낌은 어떠했나요?

3. SNS를 사용하면서 혹시 여러분들은 부정적인 감정(무기력함 또는 우울감 등)을 느낀 적이 있는가요?

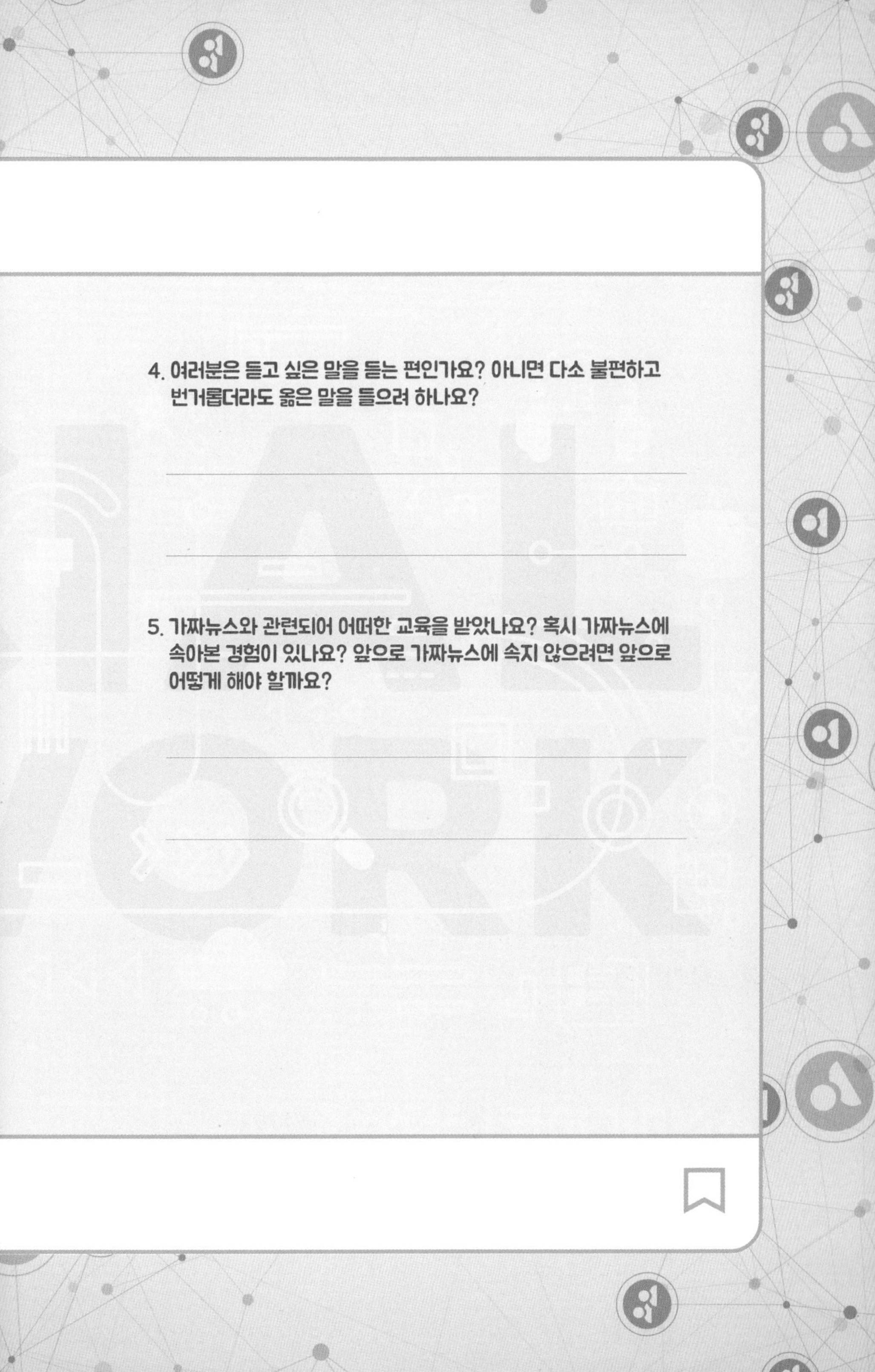

4. 여러분은 듣고 싶은 말을 듣는 편인가요? 아니면 다소 불편하고 번거롭더라도 옳은 말을 들으려 하나요?

5. 가짜뉴스와 관련되어 어떠한 교육을 받았나요? 혹시 가짜뉴스에 속아본 경험이 있나요? 앞으로 가짜뉴스에 속지 않으려면 앞으로 어떻게 해야 할까요?

4 PART

#소셜미디어와 뉴스미디어
#소셜미디어 뉴스 이용

소셜미디어와 뉴스

confirm request meme
rending
data engage +1 pic
hello
cloud hi fan update media
search followers
follow page share
er profile interaction
photos personal
status compose subscribe permission
ocial
discover
send reply
es rss tweet wall
@
reate tag link
pic lol
blog
n avatar
check in cloud
connect friend
rites groups socialize
age
ic
ter

소셜미디어와 뉴스미디어

뉴스가 전달되고 유통되는 경로는 다양합니다. 우리는 다양한 방법으로 뉴스를 보고 듣고 이용하고 있습니다. 뉴스를 전문적으로 다루는 미디어로는 신문과 시사 잡지가 있으며 텔레비전과 라디오에도 뉴스 방송 프로그램이 있습니다. 네이버, 구글, 다음 등 포털사이트를 통해 뉴스를 보기도 하고 언론사 홈페이지에 직접 접속해 접할 수도 있습니다.

최근에는 뉴스를 이용하는 데 있어 소셜미디어도 많이 활용되고 있습니다. 언론사는 자신이 생산한 뉴스를 많이 보고 듣고 이용하게끔 만들어야 합니다. 많이 이용될수록 그 뉴스의 가치, 해당 언론사의 명성은 높아지게 마련입니다. 따라서 언론사는 독자, 시청자, 청취자, 이용자가 많이 사용하는 디바이스, 미디어, 서비스, 플랫폼 등에 민감할 수밖에 없습니다. 이를 알고 여기에 맞춰 뉴스를 제공하는 것이 뉴스 이용을 극대화하는 방안이기 때문입니다.

소셜미디어 이용이 크게 늘어나면서 개별 소셜미디어에 맞춘 뉴스콘텐츠를 개발하고 최적화하는 전략이 언론사의 중요 화두가 되고 있습니다. 소셜미디어는 페이스북, 인스타그램, 틱톡 등 SNS와 유튜브, 네이버TV, V LIVE 등 온라인 동영상 플랫폼을 비롯해 카카오톡, 페이스북 메신저, 인스타그램 다이렉트 메시지류의 메신저 서비스 같은 다양한 형태를 띱니다. 직접 만나 이뤄졌던 대인 소통은 오프라인과 온라인의 경계가 모호해지는 공간에서 진행되는 경우가 점점 늘어나고 있습니다.

그와 동시에 단순히 뉴스를 유통하는 공간에 머물렀던 소셜미디어는 향후 뉴스 생산, 유통, 소비라는 모든 과정에서 관여하게 될 것입니다. 저널리즘 현장에서 소셜미디어의 역할은 점점 커지고 있습니다. 뉴스미디어가 운영하는 소셜미디어는 단지 뉴스 유통 채널로서 존재하는 것이 아닙니다. 시민과 기자 간 혹은 시민과 시민 간 토론, 댓글, 의견 제시 등을 통해 친밀한 커뮤니케이션이 가능한 저널리즘 행위 도구로서의 역할까지 수행합니다. 하지만 소셜미디어 대화 사이에 발생하는 오해와 갈등, 취재 활동 및 정보의 유출, 검증되지 않은 정보의 전달, 언론사 기조와 다른 기자 개인 의견의 게시, 기자의 일탈적 행위 등과 같은 다양한 문제가 드러나기도 합니다.

이런 점에서 뉴스미디어의 소셜미디어 활용의 전체적 점검과 방향 설정이 필요합니다. 구체적으로 설명하자면 첫째 독자와의 소통을 성급하게 하기 않기(신중함과 품격을 유지할 것), 둘째 기자의 일방적인 통제 관성에서 벗어나기(독자와의 상호작용성을 염두에 둘 것), 셋째 독자 의견을 효과적으로 수렴하는 방법 찾기(빅데이터 등 기술 활용성을 확보할 것), 넷째 트래픽 유입 등 정량지표 중심의 성과주의 극복하기(퀄리티 저널리즘의 연장선으로 다룰 것), 다섯째 집단지성과의 커뮤니케이션을 저널리즘으로 체계화하기(참여와 협력 저널리즘의 기반을 형성할 것) 등이 있습니다.

그럼에도 불구하고 대다수 뉴스미디어는 독자와의 커뮤니케이션, 속보 전달 등 측면에서 소셜미디어의 활용 가치가 높다고 판단하고 있습니다. 실제로 소셜미디어는 독자, 시청자, 청취자, 이용자와 신뢰 관계를 형성하기 위한 중요한 도구입니다. 흔히 정확성, 독립성, 불편부당성 등을 저널리즘 원칙이라고 하는데 디지털 시대에 이러한 원칙은 뉴스룸이나 언론인에만 의해서가 아니라 독자, 시청자, 청취자, 이용자와의 상호작용 및 커뮤니케이션을 통해 확보될 수 있습니다.

뉴스미디어가 소셜미디어를 도입하면서 생겨난 저널리즘의 큰 변화는 참여 저널리즘(participatory journalism), 대화 저널리즘(conversation journalism), 대안 저널리즘(alternative journalism)으로 요약 가능합니다. 저널리즘의 주체가 시민이 되면서 이들이 언론 현실에 참여하게 됐고, 한쪽 방향으로 진행되는 뉴스 생산이 아닌 시민과의 대화를 통해

하향식 뉴스(Top-down news)

모든 뉴스는 수용자에게 전달되기 전에 조직을 통해 필터링된다.

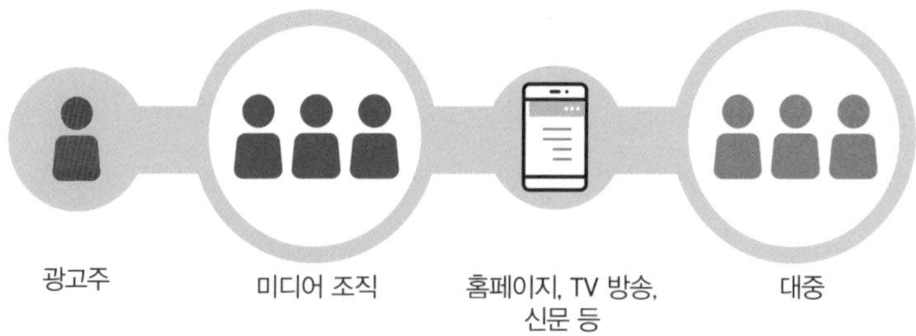

상향식 뉴스(Bottom-up news)

수용자에게 전달되기 전 때때로 중재자에 의한 필터링을 거치지 않는다.

하향식 뉴스는 기존 뉴스미디어 방식으로 생산한 뉴스, 상향식 뉴스는 기존 뉴스미디어 방식에 소셜미디어를 도입해 생산한 뉴스로 이해할 수 있다.

출처: 『We media』 Bowman, S. & Wills, C.(2003) The American press institute, p.10, Figure 1.1 Top-down vs. Bottom-up news

뉴스 생산이 이뤄졌으며, 이를 통해 실질적 대안을 제시하는 할 수 있다는 것입니다.

이처럼 소셜미디어 도입이 뉴스미디어에 미치는 영향 중 핵심은 뉴스 독자, 시청자, 청취자, 이용자의 역할 변화입니다. 기존 수동적 존재에서 이제는 감시자, 전문가, 혁신가 등 역할을 수행하고 있다고 볼 수 있습니다. 먼저 감시자 역할입니다. 이전에는 정치, 자본 등에 대한 감시가 언론인에게 독점적으로 부여돼 왔습니다만 지금은 소셜미디어를 통해 시민이 적극적으로 직접 감시를 할 수 있게 됐습니다. 특히 기존 뉴스미디어 및 보도에 대한 감시도 적극적으로 일어나고 있습니다.

다음으로 전문가 역할입니다. 소셜미디어 공간에서는 특정 이슈와 사건에 대해 의견을 제시하고 논평하는 것이 특권을 가진 언론인에만 국한돼 있지 않습니다. 이제 시민 개인도 소셜미디어를 통해 자신이 직접 취재하거나 생산한 정보를 공개함으로써 다른 사람의 평가를 받고 명성을 획득할 수 있습니다. 시민 전문가의 탄생입니다.

마지막으로 혁신가 역할입니다. 소셜미디어를 통해 시민은 각종 뉴스에 대한 피드백 및 아이디어 등을 제공하고 있습니다.

현재 소셜미디어가 저널리즘 기능을 수행하고 있다는 점에는 이견이 없을 것입니다. 뉴스 유통뿐만 아니라 뉴스 생산에서 소셜미디어의 역할은 더욱 부각되고 있습니다. 뉴스거리를 찾고, 이에 대한 토론을 하며, 여론의 방향을 살피는 데도 소셜미디어가 활용

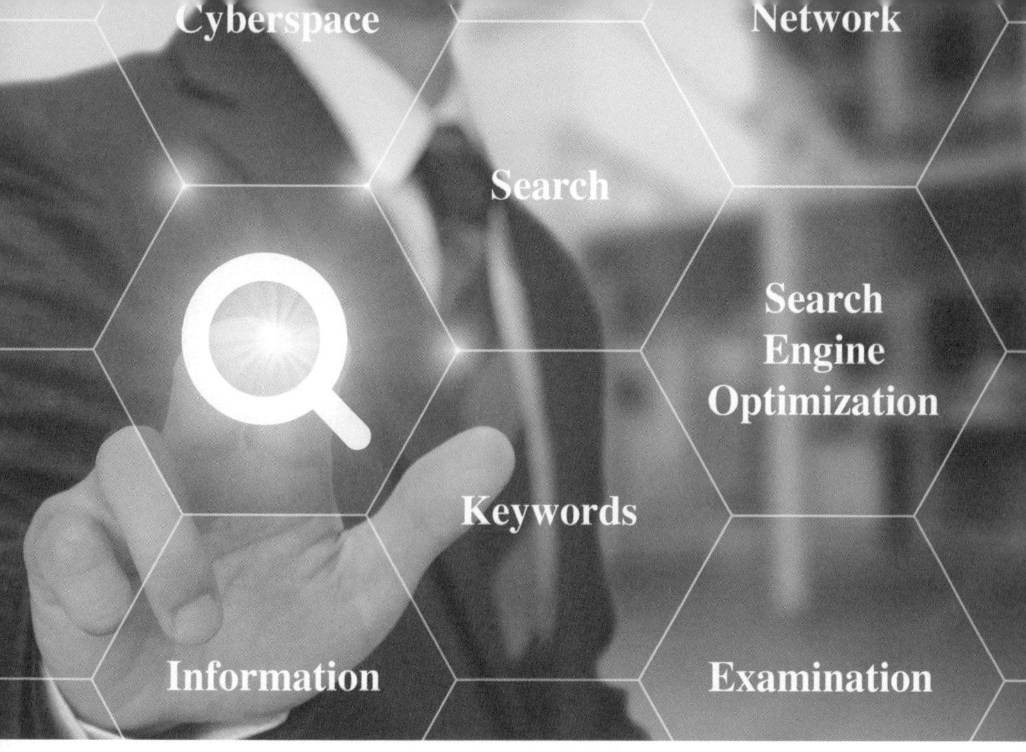

SNS와 검색 엔진의 발달은 시민들로 하여금 감시자와 혁신가의 역할을 수행하도록 이끌었다.

되고 있습니다. 소셜미디어의 저널리즘 기능과 관련한 이슈는 모두 다섯 가지로 정리해 볼 수 있습니다.

먼저 '뉴스의 품질을 어떻게 담보하는가'입니다. 전통 뉴스미디어에서는 취재, 기사 작성, 편집 등 뉴스 생산 관행이 제도화돼 있다고 볼 수 있습니다. 이를 통해 뉴스의 질적 수준과 객관성을 보장하게 되는 것이지요. 하지만 소셜미디어를 통한 콘텐츠 생산은 이와 같은 객관성을 담보할 장치가 없다는 점에서 비판 받고 있습니다. 소셜미디어 이용자의 주관성이 강하게 개입된다는 것입니다.

저널리즘 행위를 하는 언론인 및 언론사는 정확성, 공정성, 완전성, 투명성을 추구해야 합니다. 뉴스를 전달하는 소셜미디어에서 이것이 가능하도록 노력해야 하지만, 구체적인 추구 방안은 지금도 마련되지 않았습니다. 소셜미디어가 저널리즘 기능을 수행하고 있는 것은 분명하지만 신뢰는 여전히 해결해야 할 문제입니다. 신뢰와 관련해 평점을 부여하는 평판 시스템(reputation system)을 구축하는 방안이 오랜 동안 논의돼 왔으나, 그 성과는 미비합니다.

둘째, '소셜미디어 이용자는 저널리스트인가'입니다. 시민이 생산하는 콘텐츠가 뉴스와 같은 파급을 갖게 되면서 등장한 이슈 중 하나는 과연 소셜미디어를 이용하는 시민이 저널리스트로서 자격이 있는가라는 문제입니다. 즉 저널리즘과 관련된 공식 훈련이 부재한 현실에서 시민에게 중요한 사항을 '보도'하는 역할을 맡기는 것이 타당한가라는 비판이 계속 제기되고 있습니다. 소셜미디어를 이용하는 시민 역시 자신을 기자라고 부르는 것에 거부감이 있을 수 있을 것입니다.

셋째, '특정 이슈를 이해하는 데 도움이 되는가'입니다. 소셜미디어의 장점 중 하나는 현장을 목격한 시민이 생생한 현장감을 전달해 줄 수 있다는 것입니다. 하지만 이렇게 유통되는 콘텐츠의 대부분은 형식, 구조, 의미 전달에 한계가 있습니다. 소셜미디어에 비해, 전통 뉴스미디어는 뉴스의 형식이나 구조가 체계적이며, 의미 전달이 명확하다는 장점이 가집니다. 이로 인해 수용자가 이슈를 이해하는 데 큰 도움을 줍니다. 기존 전통 뉴스미디어의 엘리트, 즉 훈련된 기자 중심 뉴스 생산 체계는 중요한 정보를 효율적으로 전달한다는 측면에서는 분명히 장점이 있습니다.

넷째, '기존 전통 뉴스미디어와 다른 의제를 다루는가'입니다. 인터넷은 다양성을 추구합니다. 소셜미디어가 다루는 의제가 전통 뉴스미디어의 의제와 차이 있는지를 살펴봄으로써 소셜미디어의 대안적 성격을 확인할 수 있습니다. 소셜미디어가 새로운 의제에 대한 토론을 제공하기보다는 전통 뉴스미디어가 제기하는 의제에 대한 요약을 제공하는 경우가 많다는 지적이 있습니다. 주류 전통 미디어의 의제 설정 기능이 다양한 소셜미디어의 역할로 약화될 가능성이 있습니다. 물론 소셜미디어에서 독자적으로 제공하는 정보는 시민에게 큰 영향력을 행사할 수 있을 것입니다.

다섯째, '시민은 준비가 돼 있는가'입니다. 소셜미디어가 참여 저널리즘, 대화 저널리즘, 대안 저널리즘 도구로 기능하기 위해서는 이를 이용하는 시민의 능력과 자질이 어느 정도 수준에 도달해야 합니다. 근거 없는 폭로, 명예를 훼손하는 욕설과 비방, 부정확하고 편향된 정보 제시 등은 저널리즘에서 소셜미디어의 가능성에 대한 우려를 낳고 있습니다. 시민이 공적 문제에 관심을 갖고 있는가, 다양한 아이디어에 대해 관용적 태도를 가지는가, 합리적·이성적으로 대화와 토론할 능력이 있는가 등과 같은 질문에 대해 긍정적 응답이 가능해야 할 것입니다. 새로운 저널리즘 도구로서 소셜미디어가 제대로 기능하기 위해서는 시민의 윤리, 능력, 관여 등을 높일 수 있는 교육, 즉 미디어 및 뉴스 리터러시 교육도 필요합니다.

infobox

| 뉴욕타임스 '뉴스제작국 대상 소셜미디어 사용 지침서' 중 주요 포인트

- 본지 언론인은 자신의 정치색을 나타내거나 정치적 견해를 홍보하거나 특정 후보를 지지하거나 공격적인 발언을 하는 등 뉴욕타임스의 언론 보도 명성을 저해하는 행위 일체를 소셜미디어상에서 행해서는 안 된다.

- 본지 언론인은 뉴욕타임스에서 객관적으로 취재해야 하는 주제에 대해 일방적인 견해를 옹호하는 것으로 비추어지지 않도록 각별히 주의를 기울여야 한다.

- 본 지침은 정부 및 정치 분야를 취재하지 않는 부서들을 포함한 뉴스제작국의 모든 부서 직원들에게 적용된다.

- 본지는 소속 언론인의 소셜미디어 활동 일체에 본 규정이 적용되는 것으로 간주한다. 구성원은 본인의 페이스북이나 트위터, 인스타그램, 스냅챗 등의 소셜미디어 계정이 사생활의 영역에 있고 뉴욕타임스에서의 역할과 별도의 영역에 속하는 것이라고 생각할 수 있지만, 사실은 뉴욕타임스의 구성원이 온라인에서 글을 게시하고 '좋아요"를 누르는 등의 모든 행위는 어느 정도 '공적인' 성격을 가진 행위이다. 그리고 구성원이 공개적으로 수행하는 모든 활동은 뉴욕타임스와 연관될 수 있다.

- 마찬가지로, 본지 언론인이 본인의 소셜미디어 계정을 통해 소비자로서 고객 불편 사항을 남기는 행위 또한 엄금한다. 구성원은 소비자로서 마땅히 제기할 수 있는 불만이라고 생각할지 모르지만 뉴욕타임스의 기자 혹은 에디터 신분인 만큼 각별히 주의해야 하는 부분이다.

- 페이스북 등 소셜미디어에서 정치색을 띠는 사모임이나 '비공개' 그룹에 가입하는 것을 피해야 한다. 소셜미디어에서 정치색이 짙은 사건에 참여하는 것도 피해야 한다. 만약 취재를 목적으로 이와 같은 모임이나 그룹에 참여한다면 게시글을 올릴 때 주의를 기울이길 바란다.

- 소셜미디어에서 항상 상대방을 존중해야 한다. 독자들이 구성원 본인의 기사나 온라인 게시글에 대해 제기한 질문이나 비판에 대응하고자 할 경우 신중하게 대응하길 바란다. 의문이나 비판을 제기한 독자가 당신의 글을 제대로 읽지 않았을 것이라는 생각은 내비치지 말아야 한다.

- 만약 유달리 공격적이거나 사려 깊지 않은 비판을 마주한다면 그에 대응하지 않는 것이 최선일 수 있다. 본지 언론인에게는 소셜미디어에 위협을 가하거나 폭언을 일삼는 이들의 메시지를 표시되지 않도록 설정하거나 차단할 권리가 있으며 뉴욕타임스 또한 그와 같은 권리 행사를 지지하는 바이다. 트위터의 대화 설정 기능을 활용하는 것도 괜찮은 방법이다.

- 만약 소셜미디어에서 누군가가 자기를 협박한다고 느낀다면 관리자에게 즉시 알리기 바란다. 뉴욕타임스에는 소속 언론인을 안전하게 보호하기 위한 정책이 있다.

- 뉴욕타임스는 생중계나 실시간 현황을 업데이트하기 위한 매체로 소셜미디어가 지닌 가치를 인정한다. 다만 본지 언론인들이 우선 뉴욕타임스의 디지털 플랫폼을 통해 게시물을 업로드하기를 기대하는 경우도 있다.

- 뉴욕타임스는 소셜미디어보다는 자사의 플랫폼에 독점 보도가 우선 공개되길 희망하지만, 소셜미디어에 먼저 올리는 것이 이치에 맞는 경우가 발생할 수 있다. 판단을 내리기 위한 지침이 필요할 경우 상사와 상의하기를 권장한다.

- 투명성을 유지하도록 한다. 본인이 트위터에 실언이나 부적절한 트윗을 게시했고 이런 트윗을 지우길 원한다면, 이를 즉시 삭제했음을 후속 트윗을 통해 알려야 한다. 본 지침에 있는 소셜미디어 오류 수정 정책에서 좀 더 자세히 확인해보길 바란다.

- 다른 출처로 링크를 건다면, 다양한 관점을 반영하도록 한다. 타인의 뉴스 보도나 사설, 풍자를 공유하는 것은 보통 적절한 행위로 간주된다. 그러나 계속해서 일방적인 주장만을 공유한다면 이는 곧 본인이 그와 같은 주장에 동조한다는 인상을 남길 수도 있다.

- 뉴욕타임스가 아직 사실 확인을 마치지 못한 타 매체의 특종 보도나 도발적인 기사들을 공유할 때는 주의해야 한다. 때로는 뉴욕타임스 기자가 다른 매체의 기사를 트윗할 경우 뉴욕타임스에서 사실 확인을 마치지 못했음에도 불구하고 해당 기사를 사실로 인정했다는 오해를 살 수 있다.

- 뉴욕타임스는 소속 언론인들이 소셜미디어를 활용하여 새로운 의견과 구성, 취재보도 스타일 등을 시도해보기를 바라고 특히 그와 같은 시도로 뉴욕타임스의 플랫폼에서 새로운 형태의 스토리텔링을 구현할 수 있다면 적극적으로 환영하는 바이다.

- 물론 소셜미디어상에서 소속 언론인들이 새로운 시도를 할 수 있다는 사실만으로 본인의 개인적인 의견을 마구 게재해도 된다는 의미로 해석해서는 안 된다는 것을 다시 한 번 강조하는 바이다.

출처: 「윤리적 저널리즘을 위한 뉴욕타임스 가이드라인」 박동해 · 임주언 · 전현진 · 조문희 · 남경태 · 박재영 역(2021), 한국언론진흥재단, p.107~112

소셜미디어 뉴스 이용

여러분은 평소 뉴스에 얼마나 많은 관심을 가지고 있나요? 우리나라 청소년들은 뉴스에 대해 그렇게 많은 관심을 가지고 있지는 않습니다. 최근 조사 결과를 보면 36.8%, 즉 3분의 1이 조금 넘는 정도의 중고등학생만이 시사 관련 뉴스 정보에 관심을 가지고 있는 것으로 나타났습니다. 중학생(31.5%)보다는 고등학생(42.0%)이, 성적은 하위권(27.9%) 및 중위권(34.8%)보다는 상위권(47.1%) 학생이, 경제 수준도 하위권(36.0%) 및 중위권(34.9%)보다는 상위권(40.7%) 학생이, 읍면지역(29.1%)보다는 중소도시(37.3%) 및 대도시(38.8%)에 사는 학생이 시사 관련 뉴스에 관심이 상대적으로 많았습니다.

요약하면, 성적이 상위권인 중고등학생, 경제적 수준이 상위권인 중고등학생, 도시 지역에 사는 중고등학생이 뉴스에 더 많은 관

중고등학생의 시사뉴스 관심도

		사례수 (명)	1. 전혀 관심 없음	2. 별로 관심 없음	3. 보통	4. 약간 관심이 있음	5. 매우 관심이 있음	관심 없음 (1+2)	관심 있음 (4+5)	평균	표준편차
전체		2,762	15.8	25	22.4	29.6	7.2	40.8	36.8	2.9	1.2
성별	남	1423	17.1	22.3	21.1	30.7	8.7	39.5	39.5	2.9	1.2
	여	1340	14.4	27.8	23.8	28.4	5.7	42.2	34	2.8	1.2
교급	중학생	1370	18.9	27.9	21.6	25.4	6.2	46.8	31.5	2.7	1.2
	고등학생	1392	12.8	22.1	23.1	33.7	8.3	34.9	42	3	1.2
학급성적	상위권	937	12.9	19	21	36.4	10.6	31.9	47.1	3.1	1.2
	중위권	954	15.3	26	24	29	5.7	41.2	34.8	2.8	1.2
	하위권	848	19.7	30.8	21.6	22.6	5.3	50.5	27.9	2.6	1.2
경제수준	상위권	853	15.3	21.5	22.5	30.4	10.3	36.8	40.7	3	1.2
	중위권	1516	15	27.4	22.7	29.2	5.8	42.4	34.9	2.8	1.2
	하위권	363	20.1	23.9	20	29.2	6.8	44	36	2.8	1.3
부모중재	그렇다	1185	14.6	24.7	21.3	31.7	7.7	39.3	39.4	2.9	1.2
	보통	928	15.5	26.7	24.7	27.7	5.5	42.2	33.2	2.8	1.2
	아니다	619	18	23.4	20.8	28.8	9	41.4	37.8	2.9	1.3
지역규모	대도시	1112	16.5	24.4	20.4	31.8	7	40.9	38.8	2.9	1.2
	중소도시	1294	13.5	25.2	24	29.1	8.2	38.7	37.3	2.9	1.2
	읍면지역	356	22.1	25.9	22.8	24.5	4.6	48.1	29.1	2.6	1.2

출처 : 「청소년 미디어 이용 실태 및 대상별 정책대응방안 연구 II : 10대 청소년」 배상률 · 이창호 · 김남두(2021), 한국청소년정책연구원

심을 가지고 있다고 볼 수 있겠네요. 한 사회 시민으로서 알아야 할 공적 지식이라고 볼 수 있는 뉴스에 대한 관심이 개인 특성별로 이렇게 차이 나는 것은 바람직한 현상이라고 하기는 어렵습니다.

최근 언론사가 관심을 가지는 뉴스 이용 통로는 단연 소셜미디어입니다. 소셜미디어 이용이 많아지면서 개별 소셜미디어의 특성 맞춰 뉴스콘텐츠를 개발하고 유통하려는 전략에 거의 모든 언론사가 심혈을 기울이고 있습니다. 재미있는 사실은 새로운 디바이스, 미디어, 서비스, 플랫폼 등은 당연히 나이가 어리고 젊을수록 상대적으로 많이 이용하고 활용 범위 역시 넓다는 점입니다.

최근 등장하고 있는 각종 소셜미디어가 집중적으로 이용자로 끌어들이려는 세대는 중고등학생입니다. 중고등학생 때 지니게 된 디바이스, 미디어, 서비스, 플랫폼 등의 이용 특성이나 습성은 성인이 되고 나서도 잘 변하지 않습니다. 따라서 청소년들의 현재 뉴스 이용 특성 및 습성은 언론사에게는 미래 독자, 시청자, 청취자, 이용자를 확보하기 위한 핵심 자료가 되기에 청소년의 소셜미디어를 통한 뉴스 이용에 큰 관심을 가질 수밖에 없습니다.

중고등학생이 시사 관련 뉴스 접촉 경로로 가장 많이 이용하는 것은 유튜브입니다(1순위 34.4%, 1+2순위 49.0%). 유튜브는 동영상 온라인 플랫폼으로 소셜미디어로 분류할 수 있습니다. 다른 소셜미디어인 SNS 역시 많은 이용을 보이고 있습니다(1순위 10.0%, 1+2순위 20.9%). 단순하게 계산해 보더라도 소셜미디어인 유튜브와 SNS의 1순위 합이 5분의 2 이상입니다(43.4%). 전통 미디어 중에는 텔레비전이 제일 높습니다만(1순위 20.2%, 1+2순위 36.9%), 유튜브에 크게 못 미칩니다.

좀 더 자세한 조사 결과를 살펴보겠습니다. 일반적으로 페이스북, 인스타그램, 틱톡 등 'SNS', 유튜브, 네이버TV, V LIVE 등 '온라인 동영상 플랫폼', 카카오톡, 페이스북 메신저, 인스타그램 다이렉트 메시지 등 '메신저 서비스'는 소위 소셜미디어로 지칭할 수 있습니다. 초등학교 4학년부터 고등학교 3학년까지 우리나라 10대 청소년이 SNS를 통해 뉴스나 시사정보를 이용한 비율은 41.4%, 온라인 동영상 플랫폼은 39.8%, 메신저 서비스는 30.8%였습니다.

이는 포털(30.8%)이나 언론사 홈페이지(28.8%)보다 많은 수치입니다. 인터넷을 통해 뉴스를 이용하는 비율이 66.2%인 점을 감안하면, 인터넷 뉴스 이용에서 소셜미디어가 차지하는 비율이 상당하다는 것을 알 수 있습니다. 물론 현재는 텔레비전을 통한 뉴스 이용률(52.8%)이 소셜미디어보다 높습니다만 10대 청소년의 모바일 인터넷, 그 중에서도 소셜미디어 이용이 크게 늘어날 것이라는 점을 생각해 보면, 소셜미디어를 통한 뉴스 이용은 머지않아 대세가 될 것이 분명합니다.

요즘은 1년 차이에서도 '세대 차이'가 난다고 합니다. 뉴스나 시사정보를 주로 어느 콘텐츠에서 보거나 듣는지를 조사해 본 결과, 초등학생, 중학생, 고등학생 사이에도 큰 차이가 있었습니다. 소셜미디어만 확인해 보면, 10대 청소년 전체는 SNS(34.6%), 온라인 동영상 플랫폼(19.9%), 메신저 서비스(7.9%) 순이었습니다. 중학생은 전

10대 청소년의 미디어 및 서비스·플랫폼별 뉴스·시사정보 이용률

	매체							서비스/플랫폼					
	인터넷(모바일+PC)			텔레비전	종이신문	라디오	잡지	SNS	온라인 동영상 플랫폼	메신저 서비스	포털	언론사 홈페이지	인공지능 스피커
		모바일	PC										
2019년 (2,363)	66.2	61.6	33.1	52.8	7.8	7.2	3.4	41.4	39.8	35.1	30.8	28.8	9.5
2016년 (2,291)	66.4	58.1	36.3	46.9	11	6.8	2.9	33.8	-	22.3	-	-	-
16년 대비 증감	-0.2	3.5	-3.2	5.9	-3.2	0.4	0.5	7.6	-	12.8	-	-	-

* 응답 대상은 초등학교 4학년부터 고등학교 3학년까지 재학생임. 제시된 값은 백분율(%)임. SNS는 페이스북, 인스타그램, 틱톡 등을, 온라인 동영상 플랫폼은 유튜브, 네이버TV, V LIVE 등을, 메신저 서비스는 카카오톡, 페이스북 메신저, 인스타그램 다이렉트 메시지 등을 의미함.

출처 : 「2019 10대 청소년 미디어 이용 조사」 한국언론진흥재단(2019)

체와 마찬가지로 SNS(45.7%), 온라인 동영상 플랫폼(16.7%), 메신저 서비스(8.9%) 순, 고등학생도 SNS(37.3%), 온라인 동영상 플랫폼(11.0%), 메신저 서비스(3.4%) 순이었습니다.

하지만 초등학생은 온라인 동영상 플랫폼(42.4%), SNS(12.1%), 메신저 서비스(15.5%) 순으로 나타났습니다. 즉 뉴스나 시사정보를 보거나 들을 때 주로 이용하는 소셜미디어는 초등학생은 동영상 플랫폼과 메신저 서비스, 중학생과 고등학생은 SNS였습니다. 세대 차이가 느껴지지 않습니까?

뉴스 이용에 크게 영향을 미치는 요소 중 하나로 언론 신뢰가 꼽힙니다. 신뢰 높은 언론인 및 언론사가 제공하는 뉴스는 많이 이용됩니다. 그리고 많이 이용되는 뉴스는 이를 제공한 언론인 및 언론사의 신뢰를 높입니다. 이처럼 뉴스 이용과 언론 신뢰는 순

10대 청소년의 뉴스·시사정보 주로 접한 서비스·플랫폼

내용	전체(1,503)	초등학생(331)	중학생(515)	고등학생(657)
SNS(페이스북, 인스타그램, 트위터 등)	34.6	12.1	45.7	37.3
포털(네이버, 다음, 구글 등)	27.8	17.9	18.6	40.1
온라인 동영상 플랫폼	19.9	42.4	16.7	11
메신저 서비스(페이스북 메신저, 카카오톡 등)	7.9	15.5	8.9	3.4
인터넷 언론사 홈페이지에 직접 접속	6.2	4.6	5.9	7.2
인공지능(AI) 스피커	3.5	7.5	4.1	1

* 응답 대상은 초등학교 4학년부터 고등학교 3학년까지 재학생임. 제시된 값은 백분율(%)임.

출처 : 「2019 10대 청소년 미디어 이용 조사」 한국언론진흥재단(2019)

환 관계에 있습니다. 따라서 소셜미디어를 통한 뉴스 이용에서 반드시 확인해봐야 할 것은 '해당 소셜미디어에서 제공하는 뉴스나 시사정보를 얼마나 신뢰하는지'입니다. 우리나라 10대 청소년은 소셜미디어가 제공하는 뉴스나 시사정보를 신뢰하지 않았습니다. 온라인 동영상 플랫폼(불신 29.8%, 신뢰 28.9%), 메신저 서비스(불신 33.6%, 신뢰 23.3%), SNS(불신 43.5%, 신뢰 18.5%) 모두 신뢰한다는 응답보다 신뢰하지 않는다는 응답의 비율이 높았습니다. 물론 소셜미디어를 제외한 나머지에서 텔레비전(불신 11.6%, 신뢰 49.5%), 포털(불신 20.5%, 신뢰 38.2%), 신문(불신 25.1%, 신뢰 27.7%)은 신뢰가 불신보다 높았습니다.

일반적으로 미디어 신뢰는 미디어 이용과 매우 높은 정적 상관관계에 있기 때문에 앞으로 개별 미디어 이용이 어떻게 변화하느냐에 따라 해당 미디어 신뢰는 얼마든지 바뀔 수 있습니다. 하지만 이러한 일반론이 소셜미디어를 통한 뉴스 이용에 그대로 적용될지는 지켜볼 일입니다. 10대 청소년의 소셜미디어를 통한 뉴스 이용이 증가할 것이라는 점은 어렵지 않게 예상할 수 있습니다. 하지만 소셜미디어에서 제공되는 뉴스 신뢰가 담보된다고 얘기하기는 힘듭니다. 언론의 오보는 물론이고 가짜뉴스가 소셜미디어를 통해 유통되고 확산되고 있는 현실에서, 신뢰 높은 뉴스미디어로서 소셜미디어의 자리매김은 아주 느리게 진행되거나 어쩌면 불가능할 수도 있다는 우려가 있는 것이 사실입니다.

소셜미디어를 통한 뉴스 이용에서 간과하지 말아야 할 이슈는 '알고리즘'입니다. 뉴스 관련 알고리즘은 크게 뉴스 제작 알고리즘, 뉴스 편집 알고리즘, 뉴스 이용 알고리즘으로 구분할 수 있습니다. 먼저 뉴스 제작 알고리즘은 뉴스를 좀 더 쉽게 만들기 위한 것으로 뉴스 자동 작성 알고리즘, 뉴스 요약 알고리즘, 뉴스 예측 알고리즘 등이 있습니다.

뉴스 편집 알고리즘은 뉴스를 잘 보여주기 위한 것으로 뉴스 클러스터링 알고리즘, 뉴스 자동 분류 알고리즘, 중복 뉴스 배제 알고리즘 등이 여기에 해당합니다. 마지막으로 뉴스 이용 알고리즘은 뉴스를 더 많이 보게 만들기 위한 것으로, 뉴스 랭킹 알고리즘과 뉴스 추천 알고리즘이 있습니다.

이중에서 '뉴스 추천 알고리즘' 이야기를 하고자 합니다. SNS나 온라인 동영상 플랫폼에서 자동으로 콘텐츠가 추천되는 것을 본 경험이 있을 것입니다. 내 콘텐츠 이용 취향이나 패턴에 맞춰 알고

10대 청소년의 미디어별 뉴스·시사정보 신뢰도

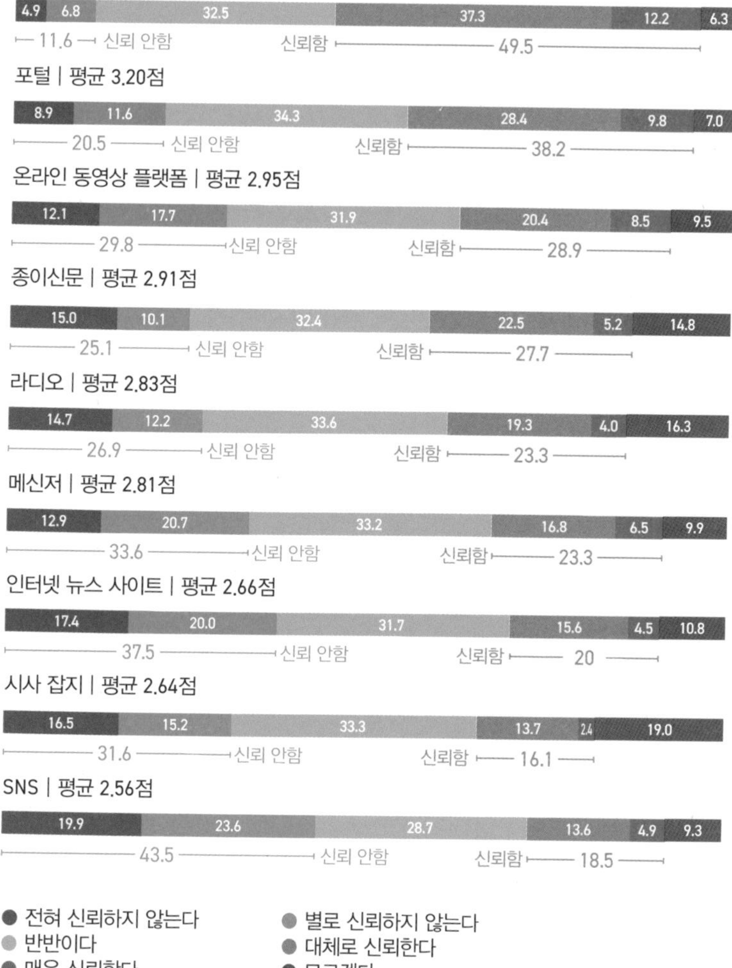

* 응답 대상은 초등학교 4학년부터 고등학교 3학년까지 재학생임. 제시된 값은 백분율(%)임. SNS는 페이스북, 인스타그램, 틱톡 등을, 온라인 동영상 플랫폼은 유튜브, 네이버TV, V LIVE 등을, 메신저 서비스는 카카오톡, 페이스북 메신저, 인스타그램 다이렉트 메시지 등을 의미함.

출처 :「2019 10대 청소년 미디어 이용 조사」 한국언론진흥재단(2019)

리즘을 통해 내가 관심을 가질 만한 콘텐츠를 자동으로 추천해 준다는 것은 어떻게 보면 매우 편리하고 유익한 서비스입니다. 시간과 노력이 크게 줄어들 가능성이 있으니까요. 하지만 동시에 매우 무섭기도 합니다. 내 콘텐츠 이용 정보가 저장되고 분석되어야지만 가능한 서비스이기 때문입니다.

내 정보를 내가 스스로 관리하고 통제할 수 있어야 한다는 '정보 주권' 관점에서 보면, 알고리즘에 기반을 둔 거대 인터넷 플랫폼 기업의 콘텐츠 추천 서비스는 많은 문제를 안고 있습니다. 우선 내 정보가 어디에 쌓이고 어떻게 활용되고 있는지를 명확히 알기 어렵습니다. 물론 각종 이용 약관에서 이와 관련된 내용이 있다고는 하지만 명확하지 않을 뿐더러 찾아보기 어렵습니다. 또한 콘텐츠 추천 알고리즘은 다양한 관점의 콘텐츠를 이용할 수 없게 만들 가능성이 있습니다. 콘텐츠 이용은 기본적으로 이용자의 가치관, 신념, 습관 등에 근거하기 때문에 이를 알고리즘을 통해 분석한다면, 기존 가치관, 신념, 습관 등을 강화하는 콘텐츠를 추천하게 됩니다. 즉 '확증편향(confirmation bias)'에 빠지게 하는 콘텐츠 이용을 하게 만든다는 비판이 있습니다.

알고리즘으로 추천되는 콘텐츠가 뉴스일 경우 문제는 더욱 심각해집니다. 단순히 사실을 나열하는 뉴스를 제외하고 많은 뉴스에는 작성한 기자의 의견이 들어 있습니다. 또한 잘 알려진 것처럼 언론인은 물론이고 언론사별로 사안을 바라보는 관점, 사안을 다루는 방법이 다릅니다. 보수 언론과 진보 언론이라는 단순한 이분

법에서부터 복잡한 층위로 개별 언론사를 구분하는 방식에 이르기까지 언론 구분법은 그야말로 다양합니다. 따라서 한 사안에 대한 진실에 근접하기 위해서는 반드시 다양한 뉴스를 볼 필요가 있습니다.

사적 정보로서 뉴스는 내가 알고 싶은 정보일 것입니다. 반면 공적 정보로서 뉴스는 사회 구성원으로 내가 알아야할 정보입니다. 대체로 스포츠, 연예 등은 사적 정보로서 뉴스, 정치, 경제 등은 공적 정보로서 뉴스로 볼 수 있습니다. 만약 스포츠, 연예 등을 주로 이용하는 시민에게 투표와 같은 중요한 정치 이벤트 정보가 제공되지 않는다면 민주주의가 불가능하게 될 수도 있습니다. 극단적 사례지만 신뢰하기 어려운 뉴스 추천 알고리즘을 통한 뉴스 이용은 이처럼 심각한 문제를 낳게 됩니다.

그렇기 때문에 소셜미디어를 통해 뉴스를 제공할 때에는 보편타당한 윤리가 필요합니다. 우리나라 대표 포털인 카카오에서 내세우고 있는 윤리헌장을 통해 포털이 지녀야 할 책임감과 윤리의 기준을 엿볼 수 있습니다. 다음 페이지에 카카오 알고리즘 윤리헌장 전문을 실었으니 한번 눈여겨 보시기 바랍니다.

infobox

카카오 '알고리즘 윤리헌장'

대표적인 AI 기술 기업으로서, 사회적 책임에 걸맞은 윤리적 규범을 마련합니다.

1. 카카오 알고리즘의 기본원칙

카카오는 알고리즘과 관련된 모든 노력을 우리 사회 윤리 안에서 다하며, 이를 통해 인류의 편익과 행복을 추구한다.

카카오가 알고리즘 윤리 헌장을 도입한 목적입니다. 카카오는 알고리즘 개발을 통해 카카오 서비스를 직·간접적으로 이용하는 사람들이 편익을 누리고, 보다 행복해지는 데 기여하고자 합니다. 알고리즘 개발 및 관리와 관련된 일련의 과정에서 카카오의 노력은 우리 사회의 윤리 원칙에 부합하는 방향으로 이뤄질 것입니다.

2. 차별에 대한 경계

알고리즘 결과에서 의도적인 사회적 차별이 일어나지 않도록 경계한다.

카카오는 다양한 가치가 공존하는 사회를 지향합니다. 카카오의 서비스로 구현된 알고리즘 결과가 특정 가치에 편향되거나 사회적인 차별을 강화하지 않도록 노력하겠습니다.

3. 학습 데이터 운영

알고리즘에 입력되는 학습 데이터를 사회 윤리에 근거하여 수집·분석·활용한다.

카카오는 알고리즘의 개발 및 성능 고도화, 품질 유지를 위한 데이터 수집, 관리 및 활용 등 전 과정을 우리 사회의 윤리를 벗어나지 않는 범위에서 수행하겠습니다.

4. 알고리즘의 독립성

알고리즘이 누군가에 의해 자의적으로 훼손되거나 영향 받는 일이 없도록 엄정하게 관리한다.

카카오는 알고리즘이 특정 의도의 영향을 받아 훼손되거나 왜곡될 가능성을 차단하고 있습니다. 앞으로도 카카오는 알고리즘을 독립적이고 엄정하게 관리할 것입니다.

5. 알고리즘에 대한 설명

이용자와의 신뢰 관계를 위해 기업 경쟁력을 훼손하지 않는 범위 내에서 알고리즘에 대해 성실하게 설명한다.

카카오는 새로운 연결을 통해 더 편리하고 즐거워진 세상을 꿈꿉니다. 카카오 서비스는 사람과 사람, 사람과 기술을 한층 가깝게 연결함으로써 그 목표에 다가가고자 합니다. 카카오는 모든 연결에서 이용자와의 신뢰 관계를 소중하게 생각합니다. 이를 위해 더 나은 가치를 지속적으로 제공하는 기업으로서, 이용자와 성실하게 소통하겠습니다.

6. 기술의 포용성

알고리즘 기반의 기술과 서비스가 우리 사회 전반을 포용할 수 있도록 노력한다.

카카오는 우리 사회의 모든 구성원이 우리의 기술과 서비스를 통해 함께 상징하는 미래를 지향합니다. 알고리즘은 그 자체에 내재된 특성으로 인해 의도하지 않은 사회적 소외를 초래할 수 있습니다. 카카오는 이러한 역기능에 민감할 뿐만 아니라, 알고리즘을 활용하여 사회적 취약 계층의 편익과 행복을 증진할 수 있는 방안에도 주의를 기울이겠습니다.

7. 아동과 청소년에 대한 보호

카카오는 아동과 청소년이 부적절한 정보와 위험에 노출되지 않도록 알고리즘 개발 및 서비스 디자인 단계부터 주의한다.

Digital for kids. 카카오는 우리 사회의 미래인 아동과 청소년이 깨끗하고 건강한 디지털 세상에서 건강한 인격체로 성장할 수 있도록 노력하고 있습니다. 카카오는 정신적 · 신체적으로 유해할 수 있는 정보와 위험으로부터 아동과 청소년을 보호하기 위한 환경을 조성하도록 부단한 관심과 자원을 쏟겠습니다.

8. 프라이버시 보호

알고리즘을 활용한 서비스 및 기술의 설계와 운영 등의 전 과정에서 이용자의 프라이버시 보호에 소홀함이 없도록 노력을 다한다.

카카오는 알고리즘을 활용한 서비스로 이용자들에게 보다 편리한 일상을 제공하고 있습니다. 이 과정에서 카카오는 프라이버시 보호 원칙을 지키며 알고리즘을 만들고 운영할 수 있도록 책임을 다하겠습니다. 그 실천을 위해 Privacy by Design을 기반으로 카카오 서비스와 기술의 기획 · 운영 전 단계에 프라이버시 보호를 위한 사전예방과 점검, 개인정보 영향평가 등을 도입하고 발전시켜 나가겠습니다.

출처: 카카오 홈페이지 https://www.kakaocorp.com/page/responsible/detail/algorithm

© 카카오

SNS 콕콕 씹어 생각 정리하기

1. 여러분은 기존 전통 뉴스미디어와 소셜미디어는 어떤 관계에 있다고 생각하십니까?

2. 소셜미디어가 신문, 텔레비전, 라디오, 시사 잡지 등 전통 뉴스미디어의 대안이 될 수 있을까요?

3. 소셜미디어에서 뉴스를 전달할 때 어떤 점에 유의해야 할까요?

4. 여러분은 소셜미디어를 통해 뉴스를 어느 정도 이용하고 있습니까? 무엇이 편리한 점입니까?

5. 소셜미디어를 통한 뉴스 이용에서 유의해야 할 점은 무엇일까요?

6. 소셜미디어에서 알고리즘으로 추천한 뉴스를 이용할 때 여러분은 어떤 생각이 듭니까? 자신의 취향이나 선호에 맞는 뉴스가 추천되나요? 그렇지 않은 경우는 없었나요?

5 PART

#미디어 리터러시의 이해
#스마트폰에 대한 비판적 이해와 성찰
#소셜미디어와 디지털 라이프

소셜미디어 리터러시

confirm request meme
rending
data engage +1 pic
hello media
cloud hi fan update
follow search share followers
page
profile interaction
status photos
compose subscribe personal
permission
ocial
discover
send reply
es rss tweet wall
@
eate tag link
pic lol
blog
avatar
check in cloud
connect friend
rites groups socialize
age
ic
ter

미디어 리터러시의 이해

리터러시의 사전적 의미는 읽고 쓰는 능력입니다. 그래서 미디어 리터러시는 '미디어를 읽고 쓰는 능력'이라 할 수 있겠습니다. 그렇게 되면 미디어에 대한 정의도 내려야 할 듯합니다. 미디어는 정보를 전달하는 매체입니다. 여러분은 뉴 미디어라는 단어도 들어보셨죠? 뉴 미디어가 무엇인지 하나로 정의하기란 어렵지만, 뉴 미디어는 영화, 그림, 음악, 언어, 문자 등의 전통적 전달 매체에 컴퓨터, 스마트폰과 태블릿 PC, 인터넷과 같은 통신 기술이 갖는 높은 상호작용성이 결합되어 만들어진 새로운 개념의 매체라 할 수 있겠습니다.

현재는 어제의 뉴 미디어가 오늘날의 올드 미디어가 되는 세상이기도 합니다. 뉴 미디어와 리터러시는 밀접한 연관 관계를 갖고

미디어 리터러시. © AIPCE

있습니다. 미디어 리터러시의 개념은 해당 미디어에서 어떤 특징을 가지고 있는지에 따라 달라집니다. 뉴 미디어라는 개념 자체가 신속하게 변화하고 있기 때문에, 미디어 리터러시에서 다루어야 할 내용도 달라지게 됩니다. 미디어 리터러시의 사전적 개념은 미디어를 읽고 쓰는 능력이라 할 수 있겠지만, 어떤 미디어를 중심으로 하는지에 따라 초점이 달라지기 때문에 미디어 리터러시의 개념은 명확하게 정의되지 못했습니다. TV 리터러시, 컴퓨터 리터러시, 인터넷 리터러시 등과 같은 다양한 용어가 사용되는 것처럼 각 리터러시의 특징에 따라 리터러시의 초점은 달라집니다.

미디어 리터러시의 다양한 정의를 살펴보면 공통적으로 미디어에 대한 접근, 평가, 표현, 커뮤니케이션을 다루고 있음을 알 수 있습니다. 유럽 시청자 위원회 연합(European Association for Viewers Interests, EAVI, 2011)은 미디어 리터러시를 미디어에 접근하고, 받은 메시지를 평가하고, 메시지를 능숙한 방법으로 창출하고 커뮤니케이션할 수 있는 수용자의 능력으로 정의합니다. 이러한 미디어 리터러시의 특성은 한국에서도 유사하게 적용되었습니다. 즉, 미디어에 대한 접근 능력, 미디어에 대한 비판적 이해 능력, 미디어를 통한 창의적 표현 능력, 미디어를 통한 커뮤니케이션 능력 등이 미디어 리터러시를 설명하는 필수적인 구성 요소들입니다.

미디어 리터러시의 개념은 정의에서 말하는 대로 단순히 언어나 영상 텍스트를 읽고 쓰는 기능적 영역에 그치지 않습니다. 미디어가 빠르게 발전하고 변화하면서 미디어 리터러시의 개념도 수시로 발전합니다. 역사적으로 읽고 쓸 수 있는 문자가 등장했다는 것은 새로운 문화가 등장했다는 것을 의미합니다. 인류의 생각과 경험을 문자로 명문화하는 것이 가능해졌고 그로 인해 다른 사람들과 교류하고 상호간의 합의를 통해서 세상의 이치를 문자로 규정할 수 있게 되었기 때문입니다. 즉, 미디어 리터러시는 읽고 쓰는 기능적, 도구적 영역에 그치지 않고 사회문화적 현상까지 고려해야 합니다. 1980년대 들어 학계에서 미디어 리터러시에 대한 논의가 급증하자, 미디어 리터러시의 개념은 문자를 읽고 쓰는 능력에서 '변화하는 사회에 적응하고 대처하는 능력'으로 확대되었습니다.

미디어의 발전 과정은 크게 비언어적 단서와 구두 언어에서 문자를 통한 커뮤니케이션 그리고 영상의 발명으로 인한 영상 커뮤니케이션으로 구분될 수 있습니다. 인류에게 문자가 발명되기 전까지 비언어적 단어와 구두 언어가 커뮤니케이션의 수단이었습니다. 문자가 발명됨으로서 읽고 쓰는 능력이 강조되었습니다. 산업사회 이후 문자 언어를 읽고 쓰는 능력을 습득하기 위한 리터러시 교육이 시작되었습니다. 이 당시 미디어 리터러시는 어린이와 청소년 보호를 목적으로 하는 콘텐츠 규제도 다루었습니다. 영상 매체의 발명은 리터러시의 교육에서 영상 언어에 대한 중요성도 포함하게 했습니다. 영상 매체는 다양한 커뮤니케이션 수단의 통합이라 할 수 있습니다. 문자 언어뿐만 아니라 이미지(image), 제스처(gesture), 함축적 의미(nuisance)와 같은 비언어적 커뮤니케이션 수단이 영상을 통해 전달됩니다. 즉, 문자와는 또 다른 내용의 영상 리터러시 교육도 영상 매체의 발명과 동시에 필요해졌습니다. 이는 텔레비전이 사회에서 보편적인 매체가 되면서 더욱 강조되었습니다. 영상 리터러시(visual literacy)는, 시각적 메시지를 인식, 분석, 평가하고 생산하는 능력입니다. 즉, 영상을 통해 전달하는 바를 제대로 해석하기 위한 교육입니다.

영상 리터러시 교육은 미디어 리터러시 교육의 근간이 되었습니다. 미디어 리터러시의 일차적인 목표는 영상 제작자가 어떤 의도를 가지고 영상을 제작했는지 그리고 시청자들에게 전달하고자 하는 메시지는 무엇인지 읽어내는 것이었습니다. 영상 내에서 그림, 사진과 같은 시각적 구성 요소와 음악, 음향효과, 카메라 앵글과 같은 영상의 구성 요소들이 결합해서 만들어진 메시지를 읽고 해석하기 위해서 미디어 리터러시의 필요성이 강조되었습니다. 그리고 영상 매체가 미디어의 중심이 되면서, 미디어 리터러시는 영상 언어를 해석하는 능력 외에도 영상 언어가 발생하게끔 하는 시대적 배경과 사회 상황에 대한 이해를 포함하는 방향으로 발전했습니다. 즉, 문자 언어를 읽고 쓰는 것에서 시작한 리터러시의 개념은 영상 매체의 발달로 시각적 요소를 해석하는 능력으로 발전했습니다. 이는 시청자가 영상 매체가 가진 사회적 의미를 스스로 영상을 비판적으로 분석할 수 있도록 하는 것으로 확대됐습니다.

인터넷으로 대표되는 디지털 미디어의 등장과 발전은 미디어 리터러시에도 변화를 불러일으켰습니다. 우선 디지털 리터러시는 단순히 컴퓨터를 사용할 줄 아는 능력뿐만 아니라 인터넷에서 검색한 정보의 가치를 제대로 평가하기 위한 인터넷 사용자들의 비판적 사고력을 의미합니다. 그리고 여러 경로를 통해 입수된 다양한 형태의 정보를 이용자의 목적에 맞는 새로운 정보로 조합해 내서 그 정보를 올바르게 사용할 수 있는 능력이라 할 수 있습니다.

디지털 미디어의 특징은 쌍방향 커뮤니케이션입니다. 과거 신문, 라디오, 텔레비전과 같은 전통적 미디어는 제작자와 수용자로 향하는 일방향 커뮤니케이션 형태였습니다. 디지털 미디어 내에서의 쌍방향 커뮤니케이션 역시 미디어 리터러시의 확장을 필요로 했습니다. 기존 영상 미디어에서 비롯된 미디어 리터러시 교육은 영상 매체의 이해와 비판적 분석에 중점을 두었습니다. 하지만 인터넷상에서는 전문가가 아니더라도 누구든지 매체를 생산할 수 있습니다. 이러한 이유로 디지털 미디어 리터러시는 수용자뿐만 아니라 미디어를 생산하는 디지털 미디어 이용자도 교육의 대상이 되었습니다.

디지털 미디어 리터러시는 전통 매체에서 비롯된 리터러시와 더불어 기술의 발달로 인해 파생되어 나온 리터러시를 결합합니다. 디지털 미디어 리터러시는 영상 매체 기반의 리터러시에서 강조된 미디어 메시지에 대한 비판적 해석 능력을 배양하는 것에서 미디어를 직접 생산할 수 있는 능력을 향상시켜 주는 것으로 개념이 확장되었습니다. 앞서 언급했듯이 디지털 미디어는 쌍방향 커뮤니케이션으로, 디지털 미디어의 수용자 역시 수동적에서 능동적으로 변화했습니다. 디지털 미디어 리터러시는 미디어 이용자들이 단순한 소비자에 그치지 않고 적극적으로 미디어 메시지를 창조할 수 있는 생산자로서의 능력을 강조합니다.

즉 현재의 미디어 리터러시는 다양한 내용을 포함하고 있습니다. 과거의 미디어 리터러시는 책, 영화, 텔레비전 등 일방향으로 제공되는 정보를 비판적으로 수용하고 정리하는 정도를 말했다면 현재의 미디어 리터러시는 미디어를 읽고 또 제작하는 데에 더욱 다양한 능력이 요구됩니다. 현재 정보가 범람하고 있는 상황에서 미디어 내에서 정보를 주체적으로 소비하고 원하는 정보를 선택적으로 찾아내는 능력이 현재의 미디어 리터러시입니다. 그리고 '쓰기', 즉 제작의 관점에서도 소셜미디어를 통한 기본적인 의견 제시는 물론, 멀티미디어 기획과 제작과 편집, 능동적인 소셜미디어의 교류, 유튜버와 같은 개인 소셜미디어 플랫폼의 운영 등 점점 더 넓은 범위의 미디어 리터러시가 현재 통용되고 있습니다.

소셜미디어 시대를 맞아 미디어 리터러시는 소셜미디어가 제공하는 특성을 반영할 필요가 있습니다. 소셜미디어에서 이용자들은 서로 연결되었고 이용자들이 스스로 자유롭게 생산한 정보도 손쉽게 공유할 할 수 있습니다. 과거의 미디어 리터러시가 미디어 중심의 분석, 생산능력에 집중했다면 소셜미디어 리터러시는 인간 중심의 관점이라 할 수 있습니다. 이렇게 소셜미디어 시대에서 미디어 리터러시가 중요한 이유는, 손쉽게 공유되고 검색되는 단편적인 정보의 소비 때문에 깊은 생각과 사고를 요구하는 숙의(deliberation)[1]가 상대적으로 부족할 수 있기 때문입니다.

소셜미디어의 특성을 고려했을 때, 소셜미디어 리터러시는 주의(attention), 참여(participation), 협력(collaboration), 네트워크 지식(network awareness) 그리고 비판적 소비(critical consumption)를 포함해야 합니다. 여기서 주의는 소셜미디어 이용자들이 어떤 생각을 하고, 밈처럼 소셜미디어를 통해 어떤 결과물을 만들어내는지 관찰하는 능력입니다. 참여는 소셜미디어를 통한 참여로 사회 변동에 이바지하는 것을 의미합니다. 월가 점령 시위나 촛불시위처럼 소셜미디어가 촉진한 사회 참여는 이제 흔한 일입니다. 소셜미디어 이용자의 참여는 적극적인 의사 표현입니다. 협력, 지식은 집단 지성과도 연결되어

---

1 깊이 생각하여 충분히 의논하는 행위. 숙의 민주주의(Deliberative democracy)는 숙의가 의사 결정의 중심이 되는 민주주의로, 합의 과정과 다수결 원리를 포함한다.

있습니다. 소셜미디어를 통해 사람들은 공동 작업을 할 수 있습니다. 한때 불가능하게 여겨졌던 작업도 여러 사람이 협력하면 수월하게 달성할 수 있습니다. 네트워크 지식은 소셜미디어 내에서 모든 사람들이 연결되어 있다는 것을 자각하는 것입니다. 서로가 서로의 존재를 쉽게 관찰할 수 있기 때문에, 소셜미디어 내에서는 평판을 유지하기 위해 노력해야 하고 지식과 정보가 이용자들끼리 교류할 수 있음을 알고 있어야 합니다. 마지막으로 비판적 소비는 소셜미디어 내에서 어느 정보가 믿을 수 있고 진실된 지 확인할 수 있는 안목을 의미합니다. 인터넷 속에서는 진위가 확인되지 않은 정보가 존재합니다. 이에 속지 않기 위해서 소셜미디어 이용자들은 정보의 원천을 확인해야 하고 주변 이용자들에게 자문을 구할 수 있습니다.

이러한 소셜미디어 리터러시의 구성 요소는 정보의 분석, 평가, 판단과도 연결되어 있고 소셜미디어 시대를 살아가기 위한 인간 역량이라 할 수 있겠습니다. 소셜미디어 리터러시를 이해하기 위해서는, 소셜미디어 내에서 독자적인 정체성을 표현하고 정보를 취사선택하고 조합하는 창의력인 '구성력', 본인이 스스로 만들어낸 정보의 결과를 확산시키는 능력인 '파급력' 그리고 정보 원천의 신뢰성을 파악하고 자신이 속한 공동체에 비판적인 대안을 제시할 수 있는 능력인 '성찰력'에 대한 고려가 필요합니다.

소셜미디어 리터러시에 대해서는 기존의 미디어 리터러시에서 강조하지 않았던 정체성, 프라이버시, 저작권과 소유권 그리고 사회 참여의 개념에 대한 교육이 필요합니다. 소셜미디어 내에서는 글, 사진, 음성, 동영상 등 다양한 방식으로 정체성이 드러납니다. 그렇기 때문에 어떤 방식으로 정체성을 올바르게 구현할 수 있고 이를 어떻게 평가할지에 대한 교육이 우선되어야 합니다.

빅데이터라는 단어를 들어보셨을 겁니다. 빅데이터는 소셜미디어 이용자들의 행동 패턴을 분석해 이용자들의 생각을 읽어내는 데 사용됩니다. 하지만 빅데이터는 개인 정보의 유출과 사생활 침해에 대한 위험도 존재합니다. 그래서 개인 정보를 다른 사람들에게 선택적으로 공개할 수 있는 권리인 프라이버시[2]에 대한 교육이 필요합니다.

소셜미디어 내에서는 이용자들이 다양한 저작물을 공유하고 있습니다. 그 중에는 모두에게 공개된 저작물도 존재하지만 그렇지 않은 저작물도 있습니다. 따라서 무형 저작물에 대한 배타적, 독점적 권리를 강조하는 저작권법에 대한 교육도 필요합니다. 마지막으로 아랍의 봄, 월가 점령 시위, 촛불 집회처럼 소셜미디어가 이용자들의 참여에서 비롯된 사회 변동에 얼마나 큰 파급력을 갖고 있는지 사회 참여에 대한 교육도 필요합니다. 소셜미디어 내에서의 참여는 사안에 대해 토론을 하거나 제작물 참여로 이루어질 수 있습니다. 이러한 참여는 사회와 소통을 하는 도구가 될 수 있습니다.

2 개인의 사생활이나 집단의 사적인 일. 또는 그것을 다른 사람에게 간섭받지 않을 권리.

정보 과잉과 관계 과잉.

소셜미디어를 통한 인간관계에 대한 성찰도 필요합니다. 소셜미디어를 통한 관계 맺기는 범위 면에서 누적 확장됩니다. 소셜미디어 덕분에 우리는 실제로 만난 적이 없는 사람, 유명인사들과도 관계를 맺을 수 있습니다. 수십, 수백, 수천 명의 소셜미디어 친구를 가질 수 있습니다. 하지만 손쉽게 친구가 될 수 있다는 것이 속을 터놓을 수 있는 진정한 친구가 된다는 것을 의미하지는 않습니다. 소셜미디어 내에서 연결된 친구의 수가 많아질수록 많은 커뮤니케이션이 요구되고 이는 결과적으로 관계에 피로감을 불러일으킬 수도 있습니다. 소셜미디어 내에서 관계 맺기의 증가가 야기한 '관계 과잉'의 문제입니다.

그리고 소셜미디어가 만들어낸 상호연결성은 인간의 주체성 소외와 고립, 불신이라는 역기능을 유발하기도 합니다. 소셜미디어를 매개로 한 커뮤니케이션에 익숙해지면서 직접적 면대면 커뮤니케이션이 줄어들고 인간 소외로 이어질 수도 있습니다. 게다가 소셜미디어 내에서 끊임없이 상대방과 자신을 비교하면서 열등감을 느낄 우려도 있습니다.

그래서 소셜미디어를 통한 관계 맺기 과정에서 발생할 수 있는 성찰적 이해가 필요합니다. 소셜미디어를 통해 만난 사람들과 관계를 원활하게 유지하는 방법, 소셜미디어를 통해 만나는 인간관계를 비교의 대상으로 받아들이지 않고 성찰적으로 받아들일 수 있는 교육이 필요합니다.

소셜미디어를 사용하면서 지식을 얻을 수도 있게 하고 사회 참여를 독려할 수도 있는 것처럼 삶에 보탬이 될 수도 있는 동시에 여러분에게 피로감이나 소외감을 줄 수도 있습니다. 확실한 사실은 소셜미디어의 주인공은 자기자신이라는 것입니다. 여러분이 주체적으로 의견을 낼 수도 있고 직접 매체를 제작해 인기를 끌 수도, 사회적으로 파급력을 불러일으킬 수 있습니다. 부디 주인 의식을 가지고 소셜미디어를 이용하길 바랍니다.

스마트폰에 대한 비판적 이해와 성찰

여러분들 모두 이런 경험을 한 번쯤 해봤을 겁니다. 학교로 등교하는 중에, 혹은 직장으로 출근하는 길에 스마트폰을 두고 온 것을 뒤늦게 알아버린 것이죠. “아니 이런 실수를 하다니, 이런 낭패가 있나! 스마트폰 없이 어떻게 하루를 버티며 살아간다는 말인가?” 머릿속이 하얗게 타버린 경험이 있지 않나요? 이런 경우에 여러분들은 어떻게 했나요?

대다수 청소년과 학생들은 아마도 스마트폰을 가지러 다시 집으로 돌아갈 겁니다. 그들에게 스마트폰은 수업보다 더 높은 우선순위에 위치합니다. 성인 직장인들은 그래도 책임감과 사회적 규제로 인한 의무감이 조금 더 있으니 일단 출근을 할 겁니다. 그러나 스마트폰 없이는 마음이 불안한 상태가 이어져 업무에 집중하기 힘들 것입니다. 집에 두고 온 스마트폰이 머리에서 떠나지 않는 거죠.

이렇듯 나이나 성별에 관계없이 일상생활에서 다양한 문화적 및 경제적 활동을 하는 데에 스마트폰은 필수 불가결한 요소가 되어 버렸습니다. 스마트폰의 부재는 현대인에게 있어 상상하기 힘든 고통인 것입니다.

이 모든 것은 2007년 1월 9일 스티브 잡스 애플 CEO가 샌프란시스코에서 개최된 맥월드 행사에서 기존 휴대폰을 혁신적으로 개선한 새로운 모바일폰을 소개하면서 시작되었습니다. 이전에는 별도의 기기에서 제공했던 음악, 전화 그리고 인터넷을 하나의 디

아이폰 1세대. © Apple

지털 기기로 통합하여 아이폰(iphone)으로 명명을 했습니다. 2007년 6월 29일에 출시된 아이폰 1세대는 3개월 만에 112만대가 판매되면서 폭발적인 인기를 누렸습니다.[1] 이런 인기와 기술의 혁신성에 힘입어 미국의 시사주간지 《타임》은 아이폰을 '올해 최고의 발명품(2007 Invention of The Year)'으로 선정하기도 했습니다.

아이폰은 친환경 자동차, 휴머노이드 로봇 등과 함께 후보에 올랐는데, 타임은 선정 이유를 '아름다운 디자인', '촉감의 발견', '기기가 아니라 플랫폼', '혁신의 기기', '새로운 모바일 생태계 구축' 등으로 설명했죠. 애플은 이후 앱스토어를 오픈하고 아이폰, 아이패드, 맥북 등 한층 업그레이드된 디지털 기기를 잇달아 출시하여 오늘날 우리가 경험하는 거대한 애플 생태계를 만들었습니다. 참고로, 아이폰은 우리나라에는 2009년 11월에 3세대부터 정식으로 들어왔습니다. 삼성은 아이폰에 대항하는 스마트폰으로 옴니아(Omnia)와 갤럭시(Galaxy) 시리즈를 개발하여 안드로이드 운영 체계를 개발한 구글과 손잡고 이후 전 세계 스마트폰 시장의 강자로 부상했습니다.

아이폰의 등장은 이용자들에게 새로운 경험을 선사해 주었습니다. 시간과 장소에 구애받지 않고 하나의 디지털 기기를 통해 음악을 듣고 전화를 걸고 인터넷에 접속할 수 있었죠. 그야말로 '스마트'한 전화기가 등장한 것이었습니다. 스마트폰 등장 전에는 휴

---

1 2023년 2월, 미개봉 아이폰 1세대 기기가 미국의 경매 시장에서 6만 3,356달러(약 8,200만 원)에 낙찰되어 그 역사적 가치를 입증했다.

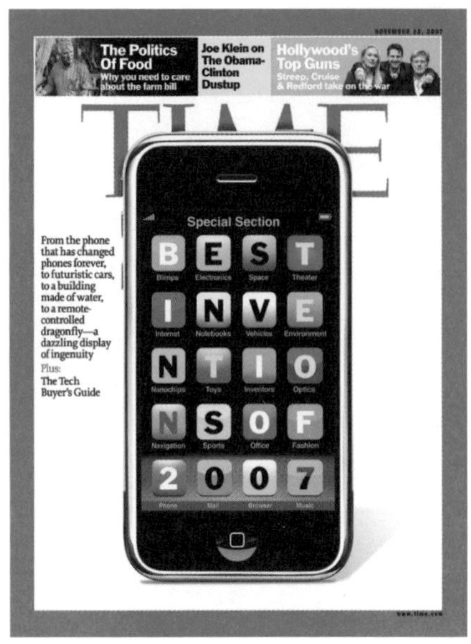

2007년 최고의 발명품으로 선정된 아이폰. © TIME

대전화, 모바일폰 또는 핸드폰이라 불린 단말기를 사용했습니다. 휴대전화는 이름 그대로 집과 사무실 등 특정한 장소에 고정되어 있었던 전화기를 어느 곳이든 휴대할 수 있게 만들어진 기기였습니다. 기존의 고정형 전화기가 통신망과 디지털 기술의 발달에 힘입어 이동성(mobility)을 갖게 된 것이죠. 스마트폰은 여기에 온·오프라인을 통해 사람과 정보에 접속할 수 있는 연결성(connectivity)이라는 기술적 특성을 추가했습니다.

스마트폰 덕분에 우리는 가족과 지인들의 전화번호를 일일이 외울 필요가 없어졌으며, 먼 곳을 찾아갈 때에도 내비게이션이 알려주는 대로 가기만 하면 됩니다. 다시 말해 의식적이든 무의식적이든 모든 정보와 다양한 콘텐츠가 있는 인터넷 세상에 스마트폰을 통해 상시적으로 연결(always on)된 상태를 유지하며 편리하고 흥미로운 여러 콘텐츠와 서비스를 경험하게 되었습니다.

모든 미디어는 '인간 감각의 확장(an extension of human sense)'이라고 한 마샬 맥루한의 말처럼, 스마트폰은 우리의 다중 감각을 확장시

킨 모든 정보를 기록하고 저장하는 '외장 기억저장매체'라고 해도 과언이 아닐 것입니다. 이렇게 보면 스마트폰은 '폰(전화)'이라기보다는 최첨단 전자기술이 장착된 소형 휴대용 컴퓨터라고 보는 게 더 맞을 듯 합니다. 스티브 잡스 역시 아이폰 1세대를 발표하면서 "오늘 애플은 휴대폰을 재발명했다."고 설명했습니다.

여기서 우리는 스마트폰의 이용과 활용의 측면에서 고민하고 성찰해야 할 게 있습니다. 과연 스마트폰이 우리를 현명하게 그리고 똑똑하게 만들어주는가? 이런 질문을 스스로에게 던져 보아야 합니다. 스마트폰이 우리를 현명한 정보 소비자로 만들어 주는 것이 아니라 이용하면 할수록 우리의 인지 능력을 저하시키면서 멍청하게(stupid) 만드는 미디어 기계는 아닌지 성찰해야 한다는 말입니다.

앞서 살펴본 것처럼 2007년 아이폰 출시 이후 우리는 이른바 '스마트폰의 시대(the age of smartphone)'에 살고 있습니다. 인류 문명 역사에서 이렇게 빨리 확산되어 우리 생활 속 깊숙이 들어온 미디어 기술은 없었죠. 미국 메사추세츠공대(MIT)에서 발간하는 〈테크놀로지리뷰〉에 의하면 스마트폰은 인류 역사에서 가장 빠르게 확산된 기술입니다. 이 학술지는 미국 사회에서 유선전화, 전기, 라디오, 텔레비전, 컴퓨터, 휴대전화, 인터넷, 스마트론, 태블릿 PC 등 9가지 기술의 발전과 확산 속도를 비교하여 분석을 했습니다.

1897년에 발명된 전화기는 전 사회에 확산되는 데 100년 가까이 걸렸습니다. 그런데 이 전화기가 보급률 40%에 이르는데 걸린

'스마트폰 행성'이라는 특집 기사를 실은 《이코노미스트》.
© The Economist

시간이 39년인 반면, 스마트폰은 고작 2.5년 밖에 걸리지 않았다는 놀라운 사실을 알 수 있습니다. 이런 급격한 확산을 반영하여, 2007년 아이폰 출시 이후 10년도 채 지나지 않아 영국의 경제주간지 《이코노미스트》는 2015년 3월 '포노 사피엔스(Phono Sapiens)'의 시대의 서막을 알리는 기획 기사를 게재했습니다. 모바일 환경에 최적화된 스마트폰 기기를 적극적으로 활용하는 '스마트 신인류(Neo-Smart Human)'의 등장을 주목한 것이죠. 2023년 7월 현재, 전 세계 스마트폰 이용자는 70억 명에 달하고 있습니다. 성균관대 최재붕 교수가 저서 『포노사피엔스』에서 언급한 것처럼, 우리는 현재 스마트폰이 '뇌'와 '손' 역할을 대신하는 행성에 살고 있습니다.

이렇듯 스마트폰은 급변하는 미디어 생태계에서 양적으로나 질적으로 가장 핵심적인 미디어가 되었습니다. 방송통신위원회의 2022년 방송매체 이용행태 조사에 의하면, 우리나라 인구의 93.4%가 스마트폰을 보유하고 있으며 60대의 고령층의 보유율도 93.8%에 이르고 있습니다. 일상생활의 필수매체로 스마트폰을 인식하는 비율은 70%인 반면, 텔레비전은 27.5%이며 신문과 라디오는 2% 미만 대에 머물렀습니다.

이런 조사가 새삼스러운 것은 아니지만, 스마트폰으로 신문사가 쓴 기사도 읽고 팟캐스트로 음성 콘텐츠를 들으며 유튜브로 영상을 시청하는 거죠. 모든 양식의 미디어 콘텐츠 소비는 스마트폰으로 수렴되는 추세입니다. 그럼 하루에 스마트폰을 이용하는 시간은 얼마일까요? 우리나라 사람들은 평균 하루 2시간(음성 통화는 제외)이며, 10대(2시간 48분)와 20대(3시간 5분)는 다른 연령층과 비교하여 상대적으로 높게 나타났습니다. 스마트폰의 중요 기능은 '뉴스나 정보 검색 및 이용(81.9%)'이 가장 높고, '커뮤니케이션(77.2%)'과 '미디어 콘텐츠 시청(68.5%)'이 그 뒤를 이었습니다.

연령대별 스마트폰 이용시간 (N=스마트폰 이용자, 단위: 시간:분)

●2020(N=5,615) ●2021(N=6,359) ●2022(N=6,256)

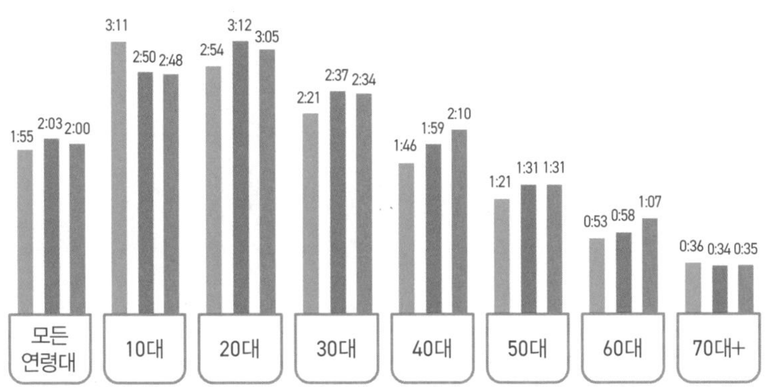

출처: 2022 방송매체 이용행태조사

실제로 우리가 일상생활에서 체감하는 스마트폰에 대한 이용과 의존은 과한 수준입니다. 특히 자녀를 둔 부모들은 아이들이 스마트폰에 과의존하여 스크린에 몰입하는 것에 대해 매우 깊은 우려를 하고 있죠. 2022년 과학기술정보통신부의 조사에 의하면, 우리나라 유아동(3~9세)의 스마트폰 과의존위험군 비율이 28.4%에 이르는 것으로 나타났습니다. 2012년의 비율에서 거의 3배 가까이 상승한 수치인거죠. 성인이라고 해서 이런 과의존 현상을 피해갈 수 없습니다. 미국의 한 리서치 회사 디스카우트가 실시한 조사에 의하면, 미국 성인은 손으로 하루 평균 2,617번 스마트폰을 만진다고 합니다. 고이용자들은 하루에 스마트폰을 4,000번 이상 만지는 것으로 나타났습니다. 우리는 항상 스마트폰을 습관적으로 만지작거리며 무의식적으로 이용하고 있는 것이죠.

구글, 유튜브, 페이스북, 아마존 등 빅테크 기업들은 이용자 개개인의 과거 이용 내역과 인구사회학적인 요인 등으로 구성된 빅데이터에 기반을 둔 알고리즘을 활용하여 중독경제(addiction economy)를 구축했습니다. 빅테크 기업들이 다양한 디지털 기술을 활용하여 이용자들을 중독시켜 자신들이 구축한 플랫폼 내에서 계속 머물게 함으로써 수익을 얻는 경제 구조를 완성했다는 의미입니다.

이들은 이른바 개인 맞춤형 콘텐츠 제공이라는 이름하에 알림을 끊임없이 보내며, 이용자의 무의식적인 조건반사를 유도합니다. 알고리즘 등과 같은 중독기술을 활용하며 이용자들을 최대한 자신의 플랫폼에 머무르게 하는 전략도 사용합니다. 스마트폰은 이

노모포비아는 노 모바일폰 포비아(No mobile-phone phobia)의 줄임말이다.

런 중독기술이 위력을 발휘하는 핵심적인 디지털 기기이자 플랫폼인 거죠. 우리는 포노사피엔스이면서도 디지털 기술에 중독된 인류, 즉 호모 아딕투스(Homo Addictus)입니다. 따라서 스마트폰이 없는 현실은 상상도 할 수 없으며, 스마트폰의 부재는 불안과 초조, 심지어 공포에 휩싸이게 되는 심리적 현상 '노모포비아(nomophobia)'를 경험하게 됩니다.

여러분들 스스로도 '내가 스마트폰에 중독에 되어 있는 것은 아닌가?'하는 의문을 한번쯤은 해본 적이 있을 것입니다. 이런 생각이 들면, 직접 해보는 것이 가장 좋은 방법입니다. 다음 페이지에 청소년용 진단 척도를 실었으니 자신의 스마트폰의 중독 정도를 자가 측정해 보기 바랍니다. 자가 측정 후에는 자신이 어떤 사용자군에 속하는지를 살펴보고 스마트폰 이용 행태에 대한 간단한 성찰 기록을 남겨 보시기를 권유합니다. 스마트폰 중독에 관한 보다 자세하고 풍부한 내용과 자료는 정부가 운영하는 '스마트쉼센터(www.iapc.or.kr)'에서 찾아보기 바랍니다.

그럼 과연 우리는 이제 무엇을, 어떻게 할 것인가? 이런 질문을 던져야 할 시점입니다. 우리가 발을 딛고 있는 살아가고 있는 이 스마트폰의 행성에서 일상생활에 필수적인 바로 이 디지털 기기를 어떻게 이해를 해야 하며, 나아가 어떤 관점을 가져야 할까요? 또한 이를 위해 어떤 자질과 역량을 키워야 할까요?

우선은 나날이 고도화 되는 지능정보화 또는 초연결사회에서 살아가기 위해 앞에서도 언급한 디지털 리터러시 역량(competence)을 키워야 합니다. 리터러시는 이제 단순히 텍스트를 이해하는 능력을 의미하는 것이 아닙니다. 디지털 사회에서 이성적이고 합리적인 시민으로 갖춰야 할 능력이자 덕목이 되었습니다. 스마트폰에 대한 '비판적 이해와 성찰'이 중요한 이유이며, 그러한 노력의 첫 출발점이 될 수 있을 것입니다.

스마트폰이 우리와 현실을 매개하는 과정에서 발생하는 정보와 연결의 과잉 현상은 이용자들의 인지 능력을 저하시킬 뿐만 아니라 신체적·정신적 피로감을 유발하고 있으며, 디지털 생태계에서 우리를 단순한 객체로 전락시키고 있음을 인식해야 합니다. 디지털 기기에 대한 주체적인 시각을 갖고 접근해야 한다는 것입니다.

청소년들에게 스마트폰에 대한 이해와 성찰은 더욱 심각하면서

infobox

스마트폰 중독 자가 진단

번호	항목	전혀 그렇지 않다	그렇지 않다	그렇다	매우 그렇다
1	스마트폰의 지나친 사용으로 학교성적이 떨어졌다.	1	2	3	4
2	가족이나 친구들과 함께 있는 것보다 스마트폰을 사용하고 있는 것이 더 즐겁다.	1	2	3	4
3	스마트폰을 사용할 수 없게 된다면 견디기 힘들 것이다.	1	2	3	4
4	스마트폰 사용시간을 줄이려고 해보았지만 실패한다.	1	2	3	4
5	스마트폰 사용으로 계획한 일(공부, 숙제 또는 학원수강 등)을 하기 어렵다.	1	2	3	4
6	스마트폰을 사용하지 못하면 온 세상을 잃은 것 같은 생각이 든다.	1	2	3	4
7	스마트폰이 없으면 안절부절 못하고 초조해진다.	1	2	3	4
8	스마트폰 사용시간을 스스로 조절할 수 있다.	1	2	3	4
9	수시로 스마트폰을 사용하다가 지적을 받은 적이 있다.	1	2	3	4
10	스마트폰이 없어도 불안하지 않다.	1	2	3	4
11	스마트폰을 사용할 때 그만해야지 라고 생각은 하면서도 계속한다.	1	2	3	4
12	스마트폰을 너무 자주 또는 오래한다고 가족이나 친구들로부터 불평을 들은 적이있다.	1	2	3	4
13	스마트폰 사용이 지금 하고 있는 공부에 방해가 되지 않는다.	1	2	3	4
14	스마트폰을 사용할 수 없을 때 패닉상태에 빠진다.	1	2	3	4
15	스마트폰 사용에 많은 시간을 보내는 것이 습관화되었다.	1	2	3	4

일반사용자군 41점 이하
잠재적위험사용자군 42~44점
고위험사용자군 45점 이상

출처: 미래창조과학부, 한국정보화진흥원(2015). 2015년 인터넷 과의존 실태조사

도 매우 어려운 주제인 것은 틀림이 없습니다. 자녀를 키우는 부모의 입장에서 오늘날 스마트폰 만큼 어렵고, 곤혹스럽고, 골치 아픈 것도 없을 것입니다. 청소년들에게 스마트폰의 부재는 또래 집단에서 소외되어 문화를 공유할 수 없는 치명적인 부작용을 유발합니다. 부모의 입장에서 보면, 어느 정도까지 자녀들에게 스마트폰의 소유와 이용을 허용해야 하는지에 대한 의문을 갖지 않을 수 없는 것이죠. 청소년 문제에 관심을 갖고 오랫동안 학교전담경찰관으로 근무를 한 서민수 경찰관은 그동안의 경험을 서술한 흥미로운 책 『이론만 빠삭한 부모, 관심이 필요한 아이』를 출간했습니다. 이 책에서 서 경찰관은 강연할 때 부모와의 대화에서 쏟아지는 질문의 절반 이상이 스마트폰에 대한 것이었다고 밝혔습니다. 그는 자녀의 스마트폰 지급 여부는 선택의 문제라기보다는 부모가 자녀와 함께 대안을 찾는 게 더욱 중요하다고 강조합니다. 즉, 부모와 자녀 상호간에 스마트폰에 대한 이해와 활용에 대한 논의를 하여 합의된 규범을 만드는 게 중요하다는 말입니다

사실 부모 입장에서 자녀에게 스마트폰에 대한 이해와 성찰 교육을 시킨다는 것은 여간 어려운 일이 아닙니다. 현재 미디어 리터러시 교육은 '아날로그 세대가 디지털 원주민을 교육해야 하는 난감한 시대'의 산물이기 때문이죠. 그럼에도 불구하고 미래 세대의 주역인 청소년들은 디지털 미디어에 대한 올바른 이해와 윤리적 활용을 통해 자신의 총체적 삶에 스마트폰이 미치는 영향력에 대해 반드시 비판적 성찰을 선행해야 합니다.

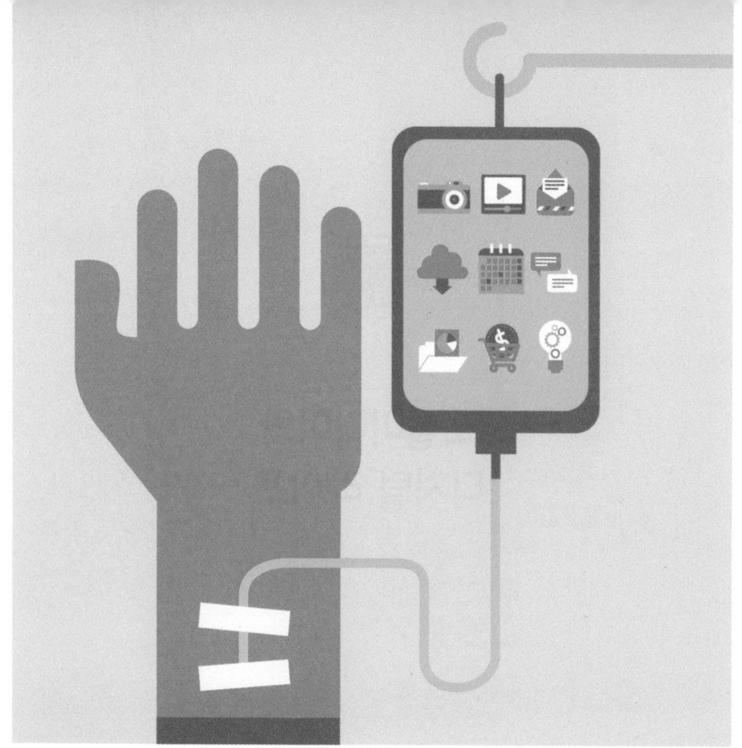

스마트폰 없이 살 수 없는 디지털 원주민.

정부는 다양한 정책적 방안을 마련해야 하며, 학교에서도 미디어 리터러시에 대한 프로그램을 강화하고, 가정에서는 부모가 자녀들과 대화와 토론을 통해 가족 구성원들 간의 디지털 규범과 윤리에 대한 합의 노력이 있어야 합니다. 포노사피엔스가 만들어 가는 새로운 디지털 문명은 스마트폰 등 디지털 기기를 창의적, 윤리적으로, 나아가 자기 주도적으로 비판적 활용을 하는 신인류들에 의해 주도되어야 하기 때문입니다.

소셜미디어와 디지털 라이프

현대 사회에서 미디어의 다양한 기능과 중요한 영향력에 대해서는 아무리 강조해도 지나치지 않습니다. 미디어는 오늘날 정보를 전달하고 소통을 가능하게 해 주는 단순한 도구를 넘어 우리 주위를 둘러싼 환경이 되었다고 할 수 있죠. 이런 환경을 미디어 생태계(Media ecology)라고 합니다.

물고기와 물의 관계로 비유해보면, 물은 물고기의 생존과 활동에 필수적인 생태적 환경이지만 물고기는 물을 의식하지는 못하죠. 마찬가지로 현대인들도 미처 인식하고 있지 못하지만, 디지털 미디어 환경은 생존과 사회 생활에 중요한 기술적이고 사회문화적인 환경이 되었습니다. 우리 모두가 미디어에 대해 비판적 이해와 주체적 활용을 해야할 이유입니다.

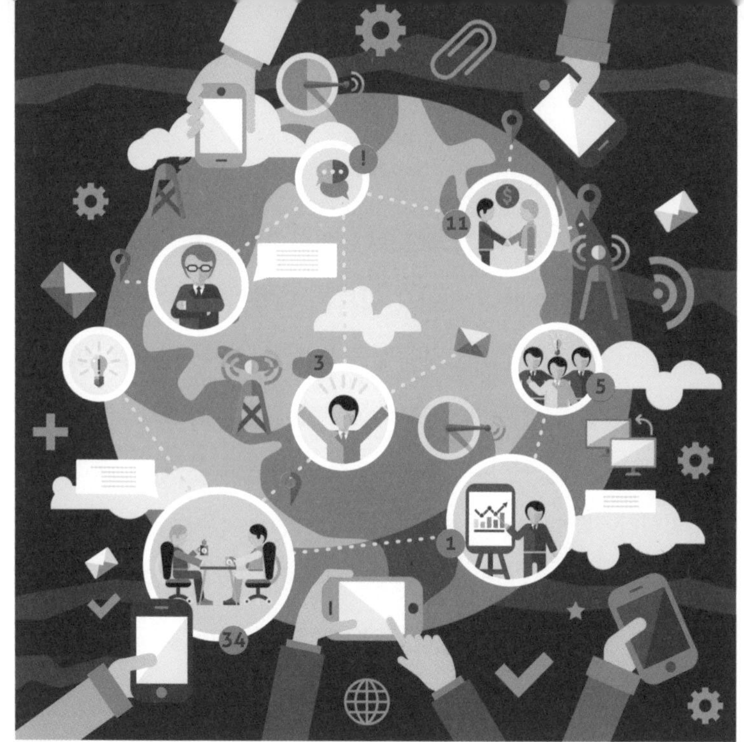

디지털 미디어 생태계.

앞에서 디지털 미디어 리터러시에 대해 언급한 바 있습니다. 4차 산업혁명 시대로 일컬어지는 오늘날의 고도화된 지능정보화 사회에서는 다양한 디지털 정보와 소통 기술을 구현하는 미디어에 대한 비판적인 이해와 분석 능력이 요구됩니다. 또한 디지털 미디어 콘텐츠를 주체적으로 평가하고 성찰하여 자신의 관점을 정립할 수 있는 역량도 키워야 합니다. 스마트폰과 SNS에 대한 미디어 기술적인 차원에서 비판적인 이해와 성찰을 함으로써 일상생활에서 여러분들이 보다 자기 주도적인 방식으로 이러한 디지털 기술을 활용하는 능력이 중요하다는 것이죠. 요컨대 소셜미디어 리터러시 역량은 일상생활뿐만 아니라 주체적인 삶을 위해 필수적인 요소가 되었다는 것이죠.

우리나라는 디지털 강국으로 유명합니다. 인터넷의 보급률과 속도 그리고 거의 전 국민이 스마트폰 이용자입니다. 명실상부한 'IT강국 코리아'의 위상에 자부심을 느낄만 하죠. 하지만 높은 수준의 하드웨어 보급과 활용에도 불구하고 소프트웨어, 즉 디지털 문화 차원에서는 여전히 미비하여 교육적으로 문제가 되고 있는 실정입니다. 특히 청소년들의 문해력 저하는 심각한 수준인 것으로 알려져 있습니다. 여러분들도 혹시 '고지식하다'를 높은(高) 지식을 지니고 있다는 뜻으로, 또 금일(今日)을 금요일로 알고 있는 것은 아니겠죠.

꼭 저러한 예가 아니더라도 단어와 어휘력이 부족하여 긴 글을 읽고 정보를 습득하는 데 어려움을 겪은 경험이 있을 것입니다. 한국교총의 조사에 의하면 일선 교육자들은 학생들이 스마트폰을 과도하게 사용하며, 유튜브 등 영상 매체에 익숙하여 독서가 부족한 것을 문해력 저하의 주된 원인으로 꼽고 있습니다.

우리나라 청소년들의 디지털 리터러시 수준을 전 세계와 비교해 볼까요? 2021년 5월 경제협력개발기구(OECD)는 회원국들의 15세(중3~고1) 학생들을 대상으로 한 「국제학업성취도평가(PISA) 21세기 독자: 디지털 세상에서의 문해력 개발」 보고서를 공개했습니다. 결과는 덴마크, 캐나다, 일본, 네덜란드, 영국 학생들은 최상위 수준을 보인 반면에 한국, 멕시코, 브라질, 콜롬비아, 헝가리 등은 최하위 집단에 속해 있었습니다. 2021년 10월 스위스 국제경영개발대

세계 주요 나라들의 디지털 경쟁력 순위

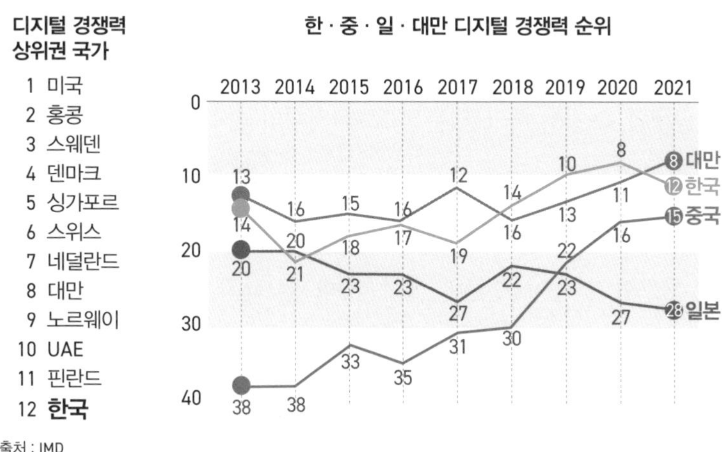

출처 : IMD

학원(IMD)이 발표한 「세계 디지털 경쟁력 순위」 보고서에서는 우리나라는 64개국 중 12위를 차지했습니다. 이웃나라들과 비교해 보면 대만은 8위, 중국은 15위 그리고 일본은 28위를 차지했는데, 최근 대만과 중국 학생들의 디지털 경쟁력이 상승 추세라는 사실을 알 수 있습니다.

이런 결과를 보면, 우리나라 청소년의 디지털 문해력과 경쟁력은 이웃 나라에 비해 좋은 편은 아닌 것 같습니다. 다른 나라 학생과의 비교로 이 책을 읽는 10대들에게 스트레스를 주고자 하는 것은 아닙니다만, 그 원인에 대한 분석과 성찰은 필요합니다. 모든 학생들이 스마트폰을 소지하고 있어 SNS 등 다양한 소셜미디어 플랫폼을 통해 정보와 지식을 습득하고 소통을 실시간으로 하고 있음에도 불구하고, 정보와 소통의 질적인 측면에서는 그다지 높은 수준을 향유하고 있다고 볼 수 없는 것이죠.

원인을 알기 위해 간단하게 진단을 해볼까요. 여러분들이 매일 일상생활 속에서 하고 있는 정보와 지식의 습득 과정과 행위 그리고 동료 친구나 지인, 가족과의 소통 행위를 돌이켜 봅시다. 최근에 지식 학습을 위해 최소 50분 이상 집중을 해 본 적이 있는지, 또 친구와 가족과 진지한 대화를 해 본 적은 있는지 스스로에게 물어보는 것이죠.

오늘날의 디지털 기술, 자동화 기술, 사회적 기술 등은 분명 우리에게 생활의 편이성과 용이함을 제공합니다. 하지만 언제든지 정보와 메시지를 보낼 수 있고, 다른 사람들과 어디에서든 연결이 되고 소통을 할 수 있는 상황이 마냥 긍정적인 것일까요? 세계적인 디지털 사상가인 니콜라스 카(Nocholas Carr)는 2008년 《애틀랜틱(Atlantic)》이라는 잡지에 '구글이 우리를 멍청하게 만들고 있는 것은 아닌가?(Is Google making us stupid?)'라는 글을 썼습니다. 그는 언제 어디서나 검색엔진을 통해 정보를 검색하고 습득할 수 있는 환경이 현대 사회의 지식과 문화를 즉흥적이고 단기적으로 접근하게 만들고 있다고 비판합니다. 정보와 지식에 24시간 연결되어 있는 편리한 환경이 오히려 우리가 깊이 있는 사고를 하지 못하게 한다는 것이죠.

일상생활에서 스마트폰이 없는, 인터넷에 연결되지 않은 삶을 연상할 수 있나요? 스마트폰은 여러분들에게 필수 불가결한 요소가 되었습니다. 이런 이유로 서울대학교 사회학과 김홍중 교수는 스마트폰은 '언제나 사용자의 손에 부착되어 있는 일종의 보철이자, 사용자의 신체를 재구성하는 하나의 장치'라고 주장합니다. 그야말로 신체 일부가 되어 절대적으로 필요한 도구가 되었을 뿐만 아니라, 정서적으로도 매우 밀접하게 연결되어 있는 것입니다.

태어나면서부터 디지털 기술의 혜택과 세례를 듬뿍 받으며 성장한 디지털 네이티브 세대인 오늘날 청소년들은 포노 사피엔스로 진화하고 있습니다. 앞에서 잠깐 언급한 것처럼 최재붕 교수는 스마트폰이 뇌와 손의 역할을 수행한다고 주장합니다. 동시에 스마트폰과 SNS를 인생에 도움이 될 것 없는 부정적인 디지털 기기로 간주하며 과도한 이용자들을 '디지털 루저'로 취급하는 세태를 비판하고 있습니다. 스마트폰이 낳은 신인류는 이미 디지털 소비 문명의 변화를 일으키며 비즈니스 생태계를 재편하고 있다는 것입니다.

하지만 이와 별개로 특정한 목적 없는 습관적인 스마트폰 및 소셜미디어의 과다 이용이 사회 곳곳에서 문제점과 갈등을 야기하고 있는 것도 사실입니다. 미국에서는 교사가 수업 시간에 스마트폰으로 뮤직비디오를 시청한 학생의 전화기를 교실 창문 밖으로 던진 사건으로 법률적인 소송까지 간 사례도 있었습니다. 어머니가 아들의 스마트폰을 빼앗으려고 하자 아들이 손을 깨문 사건도 발생하였죠. 아마 여러분 중에도 '스마트폰과 인스타그램을 너무 많이 사용하고 있는 것 같다'는 생각에 간혹 자괴감을 느낀 사람이

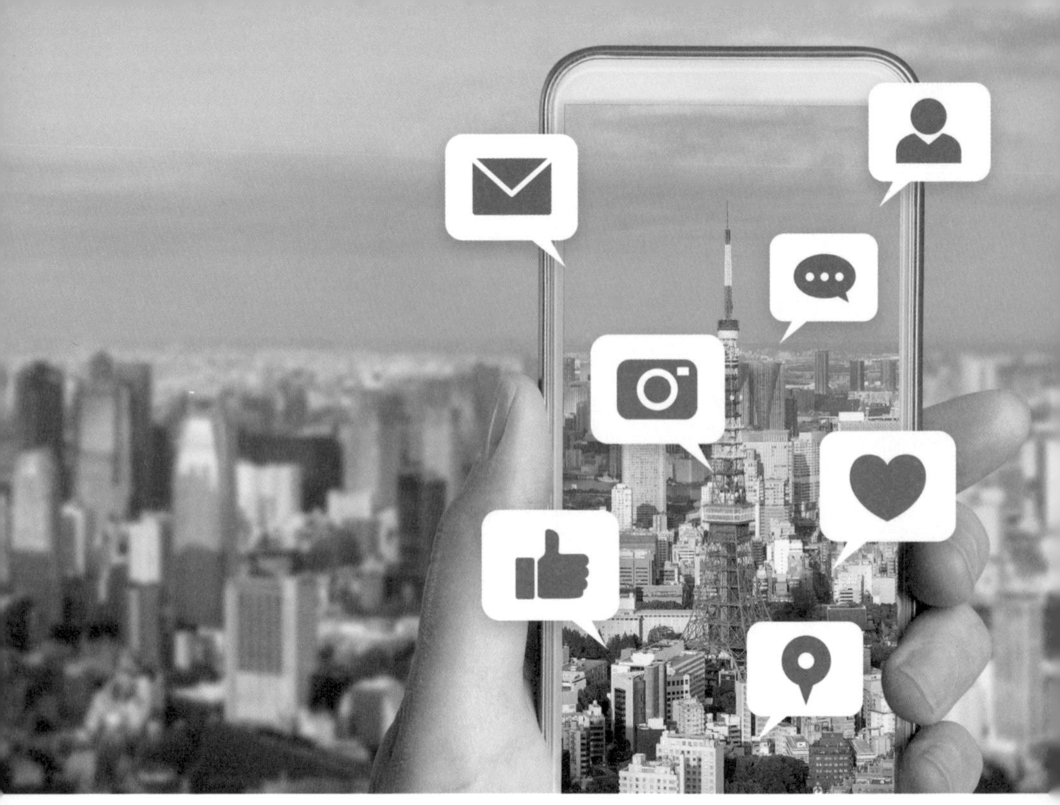

있을 수 있습니다. 실제로 애플 투자자들이 이사회에 편지를 보내 '아이폰에 크나큰 위험과 부작용이 있을 수 있으니 회사가 그런 점들을 잘 헤아려 대처해 달라. 스마트폰 생산자는 스마트폰 중독 문제에 적극 대처할 필요가 있다. 스마트폰 중독은 국민 건강과 직결된 문제이기 때문이다'라는 메시지를 전달하기도 했습니다.

소셜미디어 기술 개발자들의 내부 고발과 반성의 메시지도 꾸준히 나오고 있습니다. 페이스북 전 부사장으로 재직한 차마스 팔리하피티야(Chamath Palihapitiya)는 한 언론과의 인터뷰에서 페이스북이 중독을 유발하는 신경물질인 도파민 유발을 부추기는 작동 원리

를 통해 20억 명의 사용자들을 끌어들인 것에 대해 엄청난 죄책감을 느낀다고 밝히기도 했습니다. 페이스북은 이런 사실을 밝혀낸 내부 조사 보고서의 경고에도 불구하고 상업적 이익을 위해 청소년들의 무분별하고 습관적인 이용을 방치하고 있다는 것이죠.

스마트폰은 이제 여러분들의 정보 활동과 소통 관계에 없어서는 안될 존재이며, SNS는 그 중에서도 가장 많이 사용되는 서비스입니다. 따라서 스마트폰을 소지하고 있지 않은 상황 또는 이용할 수 없는 상황에서 심리적으로, 정서적으로 초조감이나 불안감을 느낀 경우도 있을 것입니다. 앞에서 말한 것처럼 이러한 현상을 노모포비아라고 합니다.

스마트폰과 소셜미디어로 대표되는 디지털 기술과 미디어 환경에서 어쩌는 우리가 경험하고 있는 정보와 실시간 소통이 너무 과한 것은 아닐까요? 앞서 우리는 인터넷 기술이 어떻게 인간의 사고능력, 인지능력과 집중력을 저해 또는 심지어 파괴하는지 살펴보았습니다. 미디어 조사 보고서에 의하면 하루에 포털사이트를 통해 쏟아지는 뉴스는 2만 개에 달하고 있습니다. 유튜브에는 1분에 500시간 분량의 영상 콘텐츠가 업로드되며, 하루 치 영상을 모두 보려면 무려 82년이 걸린다고 합니다. 인스타그램에도 하루에 1,000만 장 이상의 사진이 올라오고 있습니다. 그야말로 정보와 데이터의 과잉 시대라고 할 수 있습니다.

이 책을 통해 전하고 싶은 메시지는 단순히 스마트폰과 소셜미디어 이용 시간을 줄여야 한다는 것이 아닙니다. 지금의 청소년들은 태어날 때부터 디지털 기술의 세례를 받은 디지털 원주민이자 포노 사피엔스입니다, 어른들과 달리 미디어 기술의 환경에 둘러싸여 있다고 할 수 있습니다. 이런 디지털 미디어 생태계에 대한 비판적 이해와 성찰을 통해 스스로가 주체적으로, 자기 주도적으로 스마트폰과 다양한 소셜미디어 서비스를 활용할 수 있는 능력을 겸비하는 것이 매우 중요합니다.

구체적으로 설명하면, 스마트폰과 소셜미디어 등 디지털 스마트 기기에 대한 기술적, 사회문화적 이해와 성찰이 필요합니다. 소셜미디어는 이용자들이 지속적으로 사용할 수 있도록 기술적으로 설계되어 있습니다. 극단적인 표현을 빌자면 중독 기술을 차용하는 것이죠. 사회적 기술 기업의 비즈니스 전략입니다. 습관적, 지속적으로 스마트폰과 소셜미디어를 이용한 결과 경험하는 정보와 연결의 과잉 상태가 사용자의 신체적 건강을 저해하고, 집중력과 판단력 등 인지적 능력을 떨어뜨린다는 것을 인식해야 합니다.

또한 소셜네트워크 공간에서 다른 사람들과 맺고 있는 사회적 관계에 얼마나 많은 의미를 부여하고 있는지 성찰도 필요합니다. 일상생활에서 소중하게 여기는 가족, 친구 등 지인들과의 진실한 관계가 소셜미디어 공간에서도 동등하게 구현되고 있는지 생각해 봅시다.

다시 말해 다양한 디지털 미디어가 쏟아내는 정보와 소통의 환경 속에서 세상을 인식하고, 정보를 습득하고 이해하고 분석하며, 다른 사람들과 온·오프라인의 공동체를 이루고 살아가는 삶의 방식을 점검하고 성찰하는 자세가 필요하다는 것입니다.

소셜미디어와 디지털 스마트 기기 사용에 대한 성찰의 목적은 단순히 과의존 상태를 반성하기 위한 것이 아닙니다. 자신의 소셜미디어 이용에 대한 정확한 인식과 비판적 성찰을 통해 일상생활 속에서 건설적인 이용 습관을 만들고자 하는 고민의 단초를 제공하기 위한 것입니다. 일상 속 작은 실천이 올바른 태도를 형성하고, 디지털 라이프를 보다 주체적으로 이끄는 행동을 유발할 수 있습니다. 각자의 소셜미디어 디지털 라이프는 스스로가 결정하고 만들어 가야만 합니다.

SNS 꼭꼭 씹어 생각 정리하기

1. 여러분은 유튜브를 보면서 한 번 더 생각하고 시청한 적이 있나요? 아니면 그냥 무의식적으로 시청했나요?

2. 여러분은 종이 신문을 현재 구독하고 있나요? 오프라인과 온라인 매체는 정보 전달과 의견 공유에 있어 어떤 차이점이 있을까요? 또 만일 온라인을 통해 뉴스를 구독한다면, 뉴스를 구독하는 주된 목적은 무엇인가요?

3. 스마트폰과 SNS 이용이 여러분들의 판단력과 집중력, 인간관계에 미치는 영향에 대해 생각해 보세요.

4. 디지털 스마트 기기를 주체적이자 자기 주도적으로 사용하기 위해 일상생활 속에서 할 수 있는 작은 실천으로는 어떤 것들이 있을까요?

맺음말

인류 문명의 발전사를 돌이켜보면, 우리 인간은 본질적으로 사회적 존재입니다. 혼자서는 살 수 없으며 다른 사람들과 정보를 주고받으며 소통을 하면서 협력하는 존재인 것이죠. 공동체를 구성하여 외부 환경의 위협에 공동으로 대처하며 생존과 진화를 거듭해 왔습니다. 이 과정에서 공동체 구성원들 간의 동질감과 유대감을 형성케 하는 자유로운 정보와 소통은 필수 불가결한 요소였죠. 공동체의 유지와 관리 그리고 강화를 위해서는 사회적 커뮤니케이션 시스템이 요구되었습니다. 여러분들의 부모 세대에게 친숙한 신문과 방송, 즉 대중매체는 지난 산업화 시대에서 대규모의 정보 생산과 유통을 담당했습니다. 산업화 시기를 거쳐 정보화 사회(Information Society)에서는 인터넷이 이런 기능을 대체하여 수행하고 있다고 볼 수 있죠.

우리 사회는 그야말로 급변하고 있습니다. 다양한 미디어와 정보통신 기술을 통해 쏟아지는 빅데이터와, GPT를 필두로 나날이 발전하고 있는 인공지능 기술이 우리의 일상뿐만 아니라 경제적, 문화적, 정치적 활동을 좌지우지할 것입니다. 지능정보 사회의 주요 기술적인 특성은 '초연결성'입니다. 인터넷 통신망을 기반으로 스마트폰과 다양한 소셜미디어 서비스를 통해 여러분들은 사람과 사물 그리고 정보에 언제 어디서든 연결되어 있는 것이죠. 이런 환경에서 디지털 정보를 읽고 이해하고 분석할 수 있는 리터러시 능력과 다양한 디지털 기기들을 활용하고 이용 행태를 성찰할 수 있는 미디어 리터러시 역량은 필수적입니다.

디지털 네이티브로 태어난 신세대들은 포노 사피엔스로 진화하고 있습니다. 디지털 기술, 특히 인터넷과 모바일 기기에 둘러싸여 일상생활을 영위하고 있는 것이죠. 이런 추세는 돌이킬 수 없는, 그야말로 불가역적인 상황이라고 생각합니다. 문제는 이런 디지털 기술들이 의식하든 의식하지 못하든 사람들의 생각과 태도 형성, 나아가 구체적인 행위에 영향을 미친다는 것입니다. 우리가 주체적이자 자기주도적인 방식으로 스마트 기술과 기기들을 활용해야 할 이유인 것이죠.

이 책을 마무리하기 전에 머릿말에서 던졌던 질문을 다시 해보겠습니다. 스마트폰이 여러분들을 '스마트하게' 만들어 주고 있나요? 다양한 소셜미디어 서비스를 통해 친구들과 메시지를 주고 받고 콘텐츠를 소비하면서 얼마나 슬기로운 삶을 영위하고 있다고 생각하나요? 여러분은 호모 사피엔스의 후예입니다. 즉, 생각하는 인간이며 지혜로운 인류의 자손입니다. 디지털 세상에서 그동안 사람들이 전혀 경험해 보지 못한 엄청난 양의 데이터 홍수와 실시간 소통, 연결의 시대를 살아가야 할 세대입니다. 디지털 미디어를 비판적이며 주체적으로 이해하고 활용해야 할 역사적 사명이 여러분에게 주어졌다고 하면 너무 과한 표현일까요?

한 번 일상적인 디지털 라이프를 돌이켜 봅시다. 일상생활에서 인터넷, 스마트폰, 소셜미디어가 차지하는 비중, 기능과 역할에 대한 이해와 분석 그리고 성찰을 해 보기 바랍니다. 인공지능과 디지털 기술이 만들어 내는 초연결 시대에 여러분들은 다양한 미디어 환경의 변화에 주체적으로 대응하고 성찰하면서 광범위한 사회변화를 이해하고 대처하는 능력을 함양해야 합니다. 인터넷에 널려 있는 지식과 정보에 접속하여 학습하고 자신의 지혜로 만드는 과정을 수행하기 위해 인터넷과 스마트 기기의 효과적 활용은 필수적입니다.

일상생활 속에서 작은 실천이 중요합니다. 포털과 유튜브 알고리즘이 분류하여 제공하는 이른바 '개인맞춤형 정보'의 진위 여부에 고민을 해보고, 인스타그램 등 소셜미디어 서비스에서 계정관리 메뉴를 통해 나의 개인 정보와 데이터를 관리해 보기 바랍니다. 이런 작은 실천을 통해 습관적으로 수동적인 미디어 소비를 지양하고 능동적이면서 자기 주도적인 미디어 활용의 단초를 마련할 수 있을 겁니다. 전 세계가 인터넷과 소셜미디어를 통해 연결과 소통이 가능한 시대, 즉 글로벌 디지털 공동체의 주역은 바로 여러분입니다. 스마트한 소셜미디어 디지털 라이프를 구현해 나가는 데에 이 책이 조그마한 도움이 되기를 간절히 소망합니다.

참고문헌

<도서>

구본권·안병현(2018). 『뉴스, 믿어도 될까? 가짜와 진짜를 거르는 미디어 리터러시의 힘』 풀빛.

구본권(2020). 『유튜브에 빠진 너에게: 인스타그램부터 가짜뉴스까지 Z세대를 위한 미디어 수업』 북트리거.

김양은(2016). 『소셜미디어 리터러시』 커뮤니케이션북스.

김위근(2021). 『포털 뉴스서비스의 저널리즘』 커뮤니케이션북스.

김평호(2019). 『미디어 발명의 사회사: 문자에서 스마트폰 그리고 그 이후까지』 삼인.

금준경·방상호(2020). 『미디어 리터러시 쫌 아는 10대』 풀빛.

민들레 편집실(2020). 『Z세대를 위한 디지털 리터러시 교육』 민들레.

서민수(2022). 『이론만 빠삭한 부모, 관심이 필요한 아이』 SISO출판사.

최재붕(2019). 『스마트폰이 낳은 신인류, 포노사피엔스』 쌤앤파커스.

한상기(2014). 『한상기의 소셜미디어 특강』 에이콘출판.

톰 스탠디지(지음), 노승영(역, 2015). 『소셜미디어 2,000년: 파피루스에서 페이스북까지 소셜미디어의 부상과 몰락 그리고 부활의 역사』 열린책들.

르네 홉스(지음), 윤지원(역, 2021). 『디지털 미디어 리터러시 수업』 학이시습.

만프레드 슈피처(지음), 박종대(역, 2020). 『노모포비아 스마트폰이 없는 공포』 더난출판사.

Carr, N. (2011). 『The Shallows: What the Internet Is Doing to Our Brains』 W.W. Norton & Company, New York.

Coleman, J. S. (1990). 『Foundations of social theory』 Cambridge, MA: Belknap Press of Harvard University Press.

Granovetter, M. S. (1976). 『The Strength of Weak Ties』 American Journal of Sociology, 78(6), 1360–1380.

Lin, N. (2000). 『Social capital: A theory of social structure and action』 Cambridge: Cambridge University Press.

Potter, J. (2010). 『Media literacy』 London, UK: SAGE.

Rheingold, H. (2012). 『Net smart: How to thrive online』 MIT Press.

참고문헌

<논문>

권성호·김성미(2011). 「소셜 미디어 시대의 디지털 리터러시 재개념화: Jenkins의 '컨버전스'와 '참여문화'를 중심으로. 미디어와 교육」 1(1), 65-82.

김홍종(2011). 「미디어스케이프와 모바일 성찰성. 문화와 사회」 10, 135-173.

안정임(2010). 「디지털 미디어 리터러시 관점에서 본 소셜 네트워크 미디어의 핵심이슈」 여성연구논총, 25, 1-22.

최지향(2016). 「SNS 이용과 정치참여: 정치적 사회자본과 정보 및 오락추구 동기의 조절된 매개효과를 중심으로」 한국언론학보, 60(5), 123-144.

황용석·권오성(2017). 「가짜뉴스의 개념화와 규제수단에 관한 연구: 인터넷서비스사업자의 자율규제를 중심으로」 언론과 법, 16(1), 53-101.

Fukuyama, F. (1995). 「Social capital and the global economy」 Foreign Affair, 74, 89-103.

Khamis, S., & Vaughn, K. (2011). 「Cyberactivism in the Egyptian revolution: How civic engagement and citizen journalism tilted the balance」Arab Media and Society, 14(3), 1–25.

Kobayashi, T., Ikeda, K., & Miyata, K. (2006). 「Social capital online: Collective use of the Internet and reciprocity as lubricants of democracy」Information, Communication & Society, 9(5), 582–611.

Reilly, I. (2012). 「Satirical Fake News and/as American Political Discourse」The Journal of American Culture, 35(3), 258–275.

Yoo J, Kim, D, & Kim, W. (2022). 「Fake news on you, Not me: The Third–Person Effects of Fake News in South Korea」Communication Research Reports, 39(3), 115–125.